墨兰 著

邢万军 主编

王维

且向山水觅深情

北方文艺出版社

图书在版编目（CIP）数据

　　王维：且向山水觅深情/墨兰著. —— 哈尔滨：北
方文艺出版社，2019.3（2020.8 重印）

　　（走近诗词品人生/邢万军主编）

　　ISBN 978-7-5317-4384-2

　　Ⅰ .①王… Ⅱ .①墨… Ⅲ .①王维（699-759）– 人
物研究②王维（699-759）– 唐诗 – 诗歌研究 Ⅳ .
① K825.6 ② I207.22

　　中国版本图书馆 CIP 数据核字（2018）第 256078 号

王 维：且 向 山 水 觅 深 情
Wangwei Qiexiang Shanshui Mishenqing

作　者 / 墨　兰　　　　　　　　　　主　编 / 邢万军

责任编辑 / 路　嵩　张贺然　　　　　封面设计 / 琥珀视觉

出版发行 / 北方文艺出版社　　　　　邮　编 / 150008

发行电话 /（0451）86825533　　　　经　销 / 新华书店

地　址 / 哈尔滨市南岗区宣庆小区 1 号楼　　网　址 / www.bfwy.com

印　刷 / 三河市嵩川印刷有限公司　　开　本 / 710mm×1000mm　1/16

字　数 / 145 千　　　　　　　　　　印　张 / 11

版　次 / 2019 年 3 月第 1 版　　　　印　次 / 2020 年 8 月第 3 次印刷

书　号 / ISBN 978-7-5317-4384-2　　定　价 / 36.00 元

序

是否每个人，都曾有过这样一个清灵飘逸的梦——徜徉在幽静绵长的山水间，且吟一首诗，且唱一曲词，天地安静，无人从纷繁红尘中喧嚣而入，打搅这场独属于己心的梦，唯有流水脉脉，花鸟清芬。

大约，这就是在穿越人类数千年的精神圣土上，逐渐传承丰满的"隐士"情结。时至繁华今朝，也依旧抹不去这种镌刻在骨髓中的依稀眷恋。这是一份源于前世的约定，亦是一种冥冥之中如影随形的缘分，深印于三生石畔，纵使走过奈何桥，也隐约可见。

时光如同沉静的河流，缓慢地流过沧桑的历史。该有多少悲欢离合，如瞬息开谢的昙花，绽放得如此娇娆，又枯萎得如此壮烈。人生那样短暂匆忙，像蜉蝣又像浮萍，却依旧留下了令俗世褪色的光华。有人谱写了壮丽；有人高歌了豪情；有人风流了一生，于扬州烟花倚马头，望断天涯；亦有人用尽一生纵情山水，用此心此情凝成了一缕清辉，辗转感动了后世无数同样怀着梦的灵魂。

我不知道，这个名字，是从何时开始占据了我最隐秘的脑海深处，从此挥之不去，成为心上沉重又如此欢喜的一笔，就像是一个编织了太久太长的梦。荡漾的碧水畔，幽深的青山间，曾有他踽踽独行的洁净身影；也曾感动过他，留住了他的只言片语，变成了今朝传诵的美丽篇章。

这个名字，叫王维。

他曾是春风得意马蹄疾的温柔才子，伴着明月、伴着丝竹，成为了长安城中最引人注目的年轻人。他在众人的惊愕里摔碎了胡笳，亦用他的诗文惊艳了那一座古老芬芳的城池。分明是最寻常的姓氏，最普通的字眼，读来却只觉得漫卷依恋。人海往来，是否曾有哪个名字，拂动过你沉静柔弱的心弦，如春风吹皱一池春水，那是多么妙不可言的奇遇。时光已过去千年，这个名字安然走进过往，亦是，走进了人们的心中。

该怎样感叹他的执着、他深深依恋的心，又该怎样描绘这个琴棋书画都堪称大家的人。他不适合平凡，却愿意安适地栖居于平凡一隅；他有着一颗禅心，悄无声息地行走在浩然的云水里，感受草木的每一瞬呼吸，铭记每一朵花开谢的片刻。

爱上这个人，实在是太容易的事情，只需要一个回眸的时光。

我一直以为，所谓风华绝代，并不只属于那些因上苍眷恋恩宠，而拥有美丽面容的人，就像美丽的感觉只是一个人的感受，唯心且专情。风华的定义，在我心里，可以是一片诗情，一卷画意，一颗真心，谁都可以拥有绝代的瞬间，或许曾为人发觉，或许连自己都一无所知。可又有谁能说，它不曾存在发生过？

总有一些事，一些情意，任岁月荏苒，也无法遗忘。就像我从未遗忘过千年前那个穿着白衣的年轻人，行走在青翠微湿的山林里，他的背影高华光洁，就这样如一卷水墨，隐逸融化在了春山碧水里。

这，便是绝代风华。

目 录

第一章

云水禅心不自知

慈怀心

时常想象，像王维一样风清月白的人，会选择一个什么样的机缘，什么样的时刻，以及什么样的方式，降临在这个拥有芸芸众生的世界。没有谁能记得，那漠漠前尘中的往事，一切都无须选择，或许，早已经有命运代替你做出抉择。

千年前的某一时节，或许是在春季，细雨霏霏，青烟如梦；又或许是个淡漠温润的秋天，北雁缠绵哀伤，滴水的红叶泛开一季的漠然，而在山西蒲州的一户人家中，却洋溢着扑面而来的欢喜。古人常说，万般皆下品，唯有读书高。这户读书人家，祖籍山西祁县，因着一家之主官职调任，来到了这座清秀婉转的小城。

年轻的父亲，抱起了自己的长子，父子二人相似的脸庞映在妻子的双眸之中，这般其乐融融的画面，不免会成为永恒的温暖。虽有老话说，抱孙不抱子，儿子须得严加管教，孙子却是可以纵容宠溺的，可这位蒲州的王司马却似乎忘记了这条约定俗成的"祖训"，对于自己的长子，十分宠爱和重视。

毕竟，那是自己的第一个孩子，并且还是个男孩。自此，"不孝有三，无后为大"的罪名不会落在自己身上。他望着襁褓中眉清目秀的孩子，不由得微微笑起，低声同妻子商量，该给这孩子取一个什么样的名字。

　　这个承载着欢喜、凝聚着希望的孩子，最后被取名为王维。那是出自他母亲崔氏的心意。崔氏自幼信佛，十分虔诚，她一看到这个孩子，便觉得那是神佛赐予她的一份礼物，她记得自己念过的一本经书，叫作《维摩诘所说经》，于是便给孩子取名王维，字摩诘。名同字合起来，便是经书中所说的那位维摩诘居士，法力高深，道行莫测。"维"在梵文之中是"没有"的意思，而"摩"则是"垢"的意思，于是合起来，便是"无垢称"之意。其实有时，古人的名和字都有些关联，崔氏希望自己深深信服的佛祖，能够保佑这个孩子，平安成长，一生坦荡。

　　那时，又有谁能想到，这个从出生时，便同佛法结下了莫大缘分的孩子，今后会成为被史书深深铭记着的人呢？或许，每位母亲都曾在孩子降生时，想象过他们的人生，可是，不论他们是一生风华，富贵终老，还是清贫寻常，淡然静默，只要他们平安顺遂，无灾无病，母亲便觉得自己此生十分圆满了。

　　此时的崔氏，没有想到自己的长子会有怎样的人生，也不知道她的祈愿最终淡化如烟。这个孩子，一生经历了多少人间冷暖，又走过多少人世沧桑，才成为了青史上无法略去的"诗佛"啊！

　　岁月就在这座小城中寂静平淡地流逝而去，对于很多人而言，十二年，漫长如同一生，是一甲子的短暂回眸，多少事就在这十二年里轰轰烈烈地流失。曾经沉痛入骨的事情也渐渐淡漠成依稀的回忆，那些曾不以为意不太起眼的小事，却越发深刻鲜明。十二年，足以发生太多太多的事情，令人的一生都可以为之走向另一个转角。

　　在王维的第一个十二年里，发生了一件谁都不愿意接受的事情——作为一家之主的父亲溘然长逝，这个家庭陷入了长久的悲痛之中。父母是少年夫妻，相互扶持着走过了那么多年，磕磕绊绊，终于安定下来，父亲却在此时撒手人寰，不得不说，人世间的悲哀，莫过于此。可不管他们怎么悲痛，父亲终究长逝，作为长子的王维穿上了孝衣，同母亲一起守在父亲的灵前，默默地为远去的灵魂祈祷。

这个柔弱的孩子，一生悲凉。他静静地守在灵前，相对于王家的其他孩子而言，父亲给他留下的印象是最为鲜明的。他是父亲的第一个孩子，也是由父亲手把手提笔习字，从《论语》到《孟子》，从《诗经》到《楚辞》，对字词的启蒙，对那个温柔的文字世界的初次体验，都是源于那位温和却不失严厉的父亲。他在朦胧的泪意中想起那句话——子欲养而亲不待也。

对于这句话，初读的时候，他并没有多大的感触，然而此时，他却感到了深深的痛楚，天上人间，碧落黄泉，他的父亲，终究是远去了。其实，母亲比自己更加伤心，她的年纪并不大，就已经失去了丈夫，孩子们却都还年幼，她如何能够随他而去呢？她知道丈夫在逝去时的心愿是将这些孩子抚养成人，她不能让他的心愿付诸东流啊。

从繁华到凄凉，从欢喜到悲伤，不过一瞬之间。母亲柔弱的双肩毅然挑起了一个家庭的重担，王维也意识到母亲已经是自己在这个世界上最亲的人，没有谁能够比自己的母亲更加重要。于是，他对母亲更加顺从孝敬，甚至在母亲逝去之后，将自己最为心爱的田园献为佛寺。崔氏含辛茹苦，将孩子们都拉扯大，这个本来就不甚殷实的家庭一度贫困交加，这种状况，直到作为长子的王维出仕之后，才渐渐有所好转。

所以说，在这样的家庭中，母亲对孩子的影响力往往十分巨大。崔氏在王维的心中，有着至高无上的地位，因此，崔氏的笃信佛教，在王维幼小的心中，亦是留下了十分深刻的印象。可以说，王维是从小就与佛结缘的。何况，那时，正是武则天当政时期，这位中国历史上唯一的女皇，正大举兴佛，从而奠定了佛教在当时的地位。而崔氏跟随修行的大师，是北禅宗神秀的弟子，那位高僧神秀，曾被武则天召到洛阳讲经，据说当时是"时王公以下，京邑士庶，竞至礼谒，望尘拜伏，日有万计"。后来王维曾写过这样的诗：

……

颓然居一室，覆载纷万象。

高柳早莺啼，长廊春雨响。

床下阮家屐，窗前筇竹杖。

……

这首《谒璿上人》，是王维兴起时，描写一位禅师的诗作，其中用到了一个阮家屐的典故，又将禅院的清幽雅致描绘得淋漓尽致。轻摇的柳枝间，黄莺在绿意中娇柔婉转，淡淡的天光倾泻而下，微雨朦胧里，忽而有木屐声传来。

还记得深山寻隐的细节吗？曾经在古老的诗歌里幻想过的情节，仿佛就在王维这首看似平淡的小诗里，洞彻熟稔。北禅宗一脉，讲究的是"凝心入定，住心看净"。因此，往往这一脉的禅师都远离人世，深入高山幽林，在孤寂的山林中静守禅心，默默修行。这种生活，对于凡尘未了的人们，显然是枯燥不耐的，然而在王维的眼中，却别有一番清净。他本来就是静心淡然的人，这样的云水一生，是他所羡慕的，亦是他无法抵达的。对于无法得到又深深眷恋的事物，人们总是格外执着，或许，正是因为如此，王维眼中的修禅，更显得高深优雅。他渴望着这种雅致闲情，终其一生，都念念不忘地在追寻，在触碰，在梦回时分恋慕拥抱。

幼年平淡，少年丧父，在丧父和出仕的这段留白里，王维经历了人生中的第一段冷暖。那个早莺春雨的小城，曾是他温暖的家，却成为了他日后想起，未免凄凉感伤的地方。

没有父亲支撑的家庭，总是要遭受一些莫名其妙的轻看和歧视，年幼的王维心思敏感，有着常人所不能及的敏锐。幸好，这些经历，并没有让这位生性柔和的少年步入歧途，只是给他的人生抹上了一些另外的色彩。他没有因此沮丧、颓废，看破人生。怀着敏感的灵心的人，是极其容易误入岔路的，他们往往愤世嫉俗，然后背弃曾经的信念，曾经的人生。幸运的是，经历了冷暖的王维，眼中所看到的，依旧是人世的美好。

那是温柔的母亲在灯下为他补衣，那是青山中的禅师为他倒一杯温暖的茶水，那是街头贩夫走卒给他的一个笑脸。现实纵使再冷酷无情，只要想起某个转角那些柔软的眼神，人生就不是淡漠虚无的。他想，他至少享受过父亲的重视，还有一位无微不至的母亲，还有年幼而听话懂事的弟妹，比起世上很多人，他实在是幸福得太多太多。

其实有些事情，并不需要比较，可是，在痛苦寂寞时，如果比较能够给自己带来一些慰藉，那不妨就痛快去想，痛快去尝试吧。家财万贯的人们未必身体健康，也未必有美眷稚子。虽说凡事终须向前看，可是人们到底行走在尘世之中，暂且也需要一些骄傲感，纵使那只是一种清淡的安慰。

深山里的钟声悠远庄严，这沉静的钟声惊起了林中的飞鸟，摇曳了溪边柔弱的红花，也撞击在那小小少年的心中。没人能探知，少年此时的心中，在思考流转着什么；也没人能够预知，他同佛禅，结下了怎样深厚的缘分。那是他一生的标签，深深烙印在了他的灵魂中。维摩诘虽是笃信佛教，佛理精通，却始终没有出家为僧；王维这一生，亦是未曾脱离红尘，可终究同佛理，结下了不解之缘。那是在他的字里行间，都可以寻觅而知的一种深缘。

惊月夜

转折，这个词轻描淡写，似乎从来都不会为其背后蕴含的深意而感伤，仿佛也从不知晓自己身上所背负的千钧重量。心怀壮志的人们，渴望这个词的出现，平静淡然的人们，却希望这个词永远不要出现。人心各异，正如有人深爱玫瑰的芬芳，有人却对脆弱的兰草情有独钟。可命运，有时又哪里由得人们自己掌控呢？

命运所注定的，或许人终其一生，都无法扭转。很多人时常想，如果让自己重新活一次，说不定人生就不会是今日这般模样，可是他们往往无法想象，纵使人生再展开千万次，或许在那个拐角那个转弯，你选择的永远都是最初的路途。

王维深切地知晓，自己身上所背负的是振兴家族的重负，这是他的责任，他从未忘却，也不敢忘却。纵使当他行走在山月清风里，呼吸着竹林的幽静气息，同心中深深仰慕的禅师倾心交谈，喝一杯浓酽的茶，唱一曲月夜的歌；纵使他深深爱着这片宁静的山寺，不愿离去，可是他依旧不得不离去，背负起他命中注定的包袱，走向众人希冀的前程归路。

士农工商，王维的出身不允许他务农或是经商，家中的寡母希望他能考科举，踏上仕途，让中落的家道得以复兴。他是长子，享受过弟妹不曾享受的荣宠，也必然要背负起相应的责任来。这个世界，没有唾手可得的荣耀，也没有无缘无故的责任。而王维要想光耀门楣，科举之路，则是唯一的选择。

人生，必然要做出各种各样的抉择，而当前路别无选择，那就只能走上唯一的道路。那是各人的宿命，各人的缘法。幽深的山径，白衣的弱冠少年背上了行囊，风吹动着他身侧的竹叶，将淡薄的春意也染上了几分萧瑟。离别总是伤怀，纵使是禅心佛性的母子，亦是觉得难以分离。然而，踏上旅程的时刻终究来临，他挥手，向慈母和年幼的弟妹告别，今朝一别，却不知何日才能相见。

如果自己此去名落孙山，倒可以返回家中与家人团聚，然而这样就违背了最初的目的，母亲，也会为此伤怀。若是自己一举高中，也不知圣旨一下，自己会前往何方。怀着这样隐约的矛盾伤感，清风淡雅的少年跋涉千山万水，走过重重的风霜，风声萧萧，水声滔滔，不知走过了多少渡口，也不知投宿了多少客栈，他终于走到了此行的终点——都城长安。

无法想象，长安之于唐朝的意义，或许，那就像明月之于天空的碧色清辉，玫瑰之于保加利亚的永恒芬芳。那一轮长安的月，照过了前朝的风流君王，又映射过千年后虔诚渴望的我们，当它轻轻落在王维身上时，我想，在这位惊才绝艳的少年柔和纯净的心中，也曾激起莫名的欢喜和激动，一如膜拜神佛。

还有什么力量，更甚于虔诚的信仰所发的力量。信仰这两个字无处不在，信神信佛是一种信仰，信任父母亲人亦是一种信仰，相信自己更是一种无比巨大的信仰。而长安，对于唐朝所有的举子而言，如同天生的魅惑。他们从遥远的天际而来，纷纷在一个季节同时起身，走向那座传奇美丽的城池。这一场奔赴，是梦的追逐，亦是理想的追寻。当王维走向这座城池的门口，踏上属于他的道路，他的心，终于沸腾绽放。

这是一个风起云涌的年代，谁都知道，在这个华丽的时代里，涌现了多少壮丽的诗篇和华美的故事。或许是上苍偏心，往往一个年代，会有太多值得惊艳追忆的人物，而另外一些年代，却乏善可陈。而此时的长安，是当时最繁华的城市，聚集的是来自各方的天之骄子，前有古人，后有来者，谁都是胸怀大志，只要给予机会就可展翅高飞的人。有人说，世界上最不缺的就是人才，可是最缺乏的，却是挖掘人才的伯乐。

到底要怎样，才能在这座人才济济的都城里脱颖而出呢？王维虽然一心向佛，可并不代表他是一个不通人情世故的人，事实上，他聪明绝顶，对于世上多数事情，是一点就透。科举之路，并非那样简单，只要有文采、有才华便可以一蹴而就。才华固然重要，然而声名一样重要。他在客栈中思索了几日，终于想出了一个办法。

在施行之前，他一定也曾犹豫，这样的法子，终究算不上光明正大，然而当他回忆起临行前母亲殷切希望的目光，弟妹崇拜信任的神色，他就知道，此次科举，自己定要一击即中。他的目光，在忙碌的行人中，渐渐坚定起来。有些事情，并不是做不了，只是心中会有固守的底线，有自己做人的原则，可一旦下定决心，豁得出去，也并非不是一场胜利。王维就是自己这场战争的胜利者，他凭着自己绝妙的书画，高超的音乐技艺，游走在长安的各位权贵之间。

他是琴棋书画样样精通的才子，历史上像他这样的大才子并没有几位，后世的苏轼或许算得上一位。王维精通音乐，尤其擅长弹琵琶。白居易曾描写过这种乐器，说它的声音，如同大珠小珠落玉盘。显然，琵琶音质如玉，清冷优雅，那是行走在指尖的一个梦。而王维，是琵琶的行家，曾有传说，他在某人府邸中见到一幅音乐演奏图，他一看便知他们在演奏什么乐曲，是乐曲中的哪一节。或许，传闻不可以尽信，然而王维擅长音乐，却是不容置疑的事实。

凭着他的绝活，长安的贵族几乎都知道长安来了这样一位妙人，他名王维，字摩诘，端的是风流少年，文采出众。在众多权贵之中，王维同岐王，也就是唐高宗的弟弟李范，最为要好。据说这位王爷好学，擅长书法，礼贤下士。王维与他相交，除了政治上的原因之外，更多的应该是彼此个人魅力的吸引。

而那时，两人的感情如同兄弟，于是王维便向这位兄长说出了自己的心事。

两人都是性情中人，岐王对王维的事情十分上心，然而，他虽然是玄宗的弟弟，却与玄宗是同父异母，皇室子弟感情多淡薄，他也并没有多大权力，可以帮助这位小兄弟。

岐王想来想去，终于想到了一个人。那个人是唐玄宗同父同母的妹妹——玉真公主。同他们这些兄弟不一样的是，玉真公主同玄宗的感情极好，在他们年幼时，他们的母亲便因卷入宫闱斗争而死去，只剩下兄妹两人，他们相互扶持着长大。对于这位妹妹，玄宗一向十分宠爱，与感情相对淡的岐王是不同的。

如果王维能够得到公主的青睐，那青云直上，就指日可待。于是，岐王便为王维谋划了一番，不日，就带着王维，踏入了公主的府第。公主府中正在举行盛大的宴会，此时歌舞升平，美貌的伶人来来去去。微微拘谨的少年行走其中，仿佛是一道绝美的风景，连阅美无数的公主都为之侧目。

闭上眼睛，想象一下当时的情景。丝竹声乐，处处繁华，锦绣葳蕤，举目望去，风姿都美的少年清秀洁白，仿佛是一道从深谷中流出的山泉，风仪姿态，无一不令人动容。他站在那里，如同繁华红尘里的惊鸿雪影，如同晴空里的一片云彩。他拿起身侧的琵琶，为高台上的公主奏了一曲《郁轮袍》。

那仿若一场音乐的盛宴，听惯了靡靡之音的贵族们，听到这样清新脱俗的乐曲，不由纷纷回神，凝视着场中温柔演奏的少年。这本身就是一幅动人的画卷，而乐曲声淙淙如水，清丽如梦，将人们心中最柔软的地方，轻轻掀开。一曲完毕，全场竟然默然无声，公主垂下眼眸，掩去其中淡淡的莹柔泪影，低声问岐王这位少年的来历。

那个夜晚，对于王维来说，是人生中最值得追忆的时光。在那里，他走向了命运所注定的转角，从此走向了他的仕途，他的人生开始了绚烂和繁华，他的所有悲伤欢喜，荣耀屈辱也渐渐拉开帷幕。他不知道自己的选择究竟是对是错，他只知道，他成功了，百般周折，千般讨喜，他成为了长安城里风采最出众、声名最响亮的才子。纵使天子，也知道他的都城里，有这样一位才华横溢的年轻人，他甚至得到了自己最疼爱的妹妹——美丽的玉真公主的欢心。

岐王向玉真公主大力推荐说，王维精通的，何止是琵琶，他更善于诗文，那才是真正的精彩绝伦。这样一说，公主果然极其感兴趣，王维便不失时机地拿出了早已准备好的文稿，他有这个信心，公主细读之后，定会为之惊艳。果然，公主当即召来了京兆府主管考试的官员，直言今年的首席非王摩诘莫属。他猜中了结果，却没猜中自己后来的命运，这场战争，他得到了最终的胜利，却在欢喜中，察觉到了微微的茫然。

多年后午夜梦回时分，那些之于他已经淡漠的前尘，他已经隐约遗忘，唯有那夜那首《郁轮袍》，每一个细节都是那样清晰动人，每一个音符都仿佛窗外的细雨，一声声敲打在心扉。他无法得知，此时的自己，是否后悔当初的抉择，是否憎恨当年骄傲而自卑的少年，只是时光如若重来，他必然还会走向这条注定的路途。

人生不应该有所悔恨，我相信，所有的事情都有其因果。佛法里说，因爱故生忧，因爱故生怖，谁能抗拒命运强大的力量？谁能不屈从于那颗火热执着的心？推开那扇门，就要有前行的觉悟，再多的悔恨，亦不过是徒添烦恼。山月不知心里事，水风空落眼前花。翻开膝前这一页陈旧的书卷，不如，就将过往遗留在过往之中。

春风意

帝子远辞丹凤阙，天书遥借翠微宫。

隔窗云雾生衣上，卷幔山泉入镜中。

林下水声喧语笑，岩间树色隐房栊。

仙家未必能胜此，何事吹笙向碧空。

——王维《敕借岐王九成宫避暑应教》

时间是最残酷的礼物。

在悠悠如歌的岁月里，很多事情匆匆而过，像绽放又瞬间凋谢的昙花，像灿烂又熄灭的烟火，那些短暂的回眸，在最后的时光中，激荡不起心中一丝涟漪。

少年子弟江湖老，然而，总有一些记忆，沉淀在心底最深处的角落，挥之不去，驱之不散。在那些最值得铭记的时刻里，大约总是有一段最璀璨的时光，美好得令人赞叹，惊艳得令人不敢直视。

开元九年，也就是公元721年，王维进士及第。

王维进士及第时，正当青春时分。不得不说，王维是聪明绝顶的，亦是运气极好的。聪明人不见得运气好，蠢笨者也不见得会一生潦倒，杨康和郭靖就是十分合适的例子。然而王维偏偏有这样的幸运，让天下多少读书人都钦羡不已。

　　这时，幸运女神是眷顾着他的。他名动天下，才华横溢，翩翩少年时又春风得意，一朝踏入龙门，顿时炙手可热起来。并不是人人都有王维这样的幸运。唐朝将五十岁之内进士及第的人都称为少年得志，而此时的王维，不过二十多岁，确实是令人惊叹的。

　　他这样得意，不免就有人看不过去。其实，这样的人并不少见，所谓"吃不到葡萄说葡萄酸"，追根究底是自己并没真正努力过，却见不得别人优秀出众，可明面上又无计可施，只能背地里暗箭伤人，不过是对自己阴暗的心理稍微做些慰藉罢了。他们议论纷纷，说王维此举不光明正大，走的是"妇人内线"，算不上正人君子，就是才华也要打个折扣。然而，他们不了解的是，中国封建历史上男女最平等的时代，就是在唐朝，巾帼辈出，有上官婉儿那样的"巾帼宰相"，还有唯一的女皇。这是个异常开放，兼容并包的时代，个人的特长和个性得到了最大程度的发挥。

　　后世以为损尽颜面的歌舞娱人，在当时则是与人平等的一群人。何况，王维为之奏乐的，是当时权倾天下的玉真公主。这位欣赏文人雅士的公主，所帮助过的才子并不止王摩诘一位，前有张九皋，后有李太白。王摩诘一曲《郁轮袍》得到公主青睐，正是一桩美事，人们不仅不会对此有流言蜚语，而且还会欣赏包容。更何况，唐代科举时，盛行一种叫作"行卷"的形式，意思就是举子们向当朝权贵献上自己的诗文，以求得赏识，得到对方向主考官的举荐。我们开头的那首诗，就是王维献给岐王的三首应制诗中的一首。或许，这正是这个年代最吸引人的地方，不拘小节，温和大气。

　　当时，谁能忍心去伤害这个温柔的少年呢？他笑容温暖，骑在高头大马上翩翩而来，京城人曾见过无数美丽的少年，却还不曾见过这样气度高华的男子。他的身上，仿佛与生俱来就有一种高洁的品格，令人不忍心加以伤害。

　　这种高洁的韵味，在他诗文的字里行间，也可以追寻出踪迹。一直认为，虽然王维和孟浩然都是唐朝最出众的山水诗人，并称"王孟"，如今也时常将两人的诗歌编成合集，但是王维显然是比孟浩然更具备了一种气韵，纵横捭阖，天地开阔。纵使是同样的山水题材，孟浩然胜在清淡雅致，而摩诘的诗，更多了种清贵悠远。

是的，他的诗中，始终都有种若隐若现的贵气。这种贵气不仅出现在他的诗文里，更在他个人身上展现得淋漓尽致。让我们追溯过往，在旧日的史书里，寻找一些蛛丝马迹。

浩大的盛唐拉开帷幕之前，是二世而亡的隋朝，而在此之前，则是以门阀制度为基础的六朝。高门大户，那些承载了许多传奇与荣辱的锦绣家族，已经在战乱和时代中渐渐湮灭，然而当年那种门第清华的士族门户，依旧被唐朝的人所向往。

纵使是不羁的李太白，也渴慕王谢家族，也曾自称"白，陇西布衣"，依附于从陇西发迹的李氏王朝。太原王氏，清河崔氏，范阳卢氏，荥阳郑氏，这些都是当时的大族，他们的声望与地位，虽然不能同从前相比，然而依旧高贵不凡。王维的远祖，便是曾经的太原王氏，即使他这一支已是旁出，可依旧是高门望族，加上母亲出自清河崔氏，王维的身上，确实流淌着贵族的血液，这映射在他的诗画中，便使诗画带上了几分典雅的意味。

千年前的阳光，在繁华如锦的京城里，轻轻洒落而下，是那样温暖动人，一如母亲的笑容。他以为，从此展现在自己面前的就会是一条青云大道，道路两侧是如云纷繁的鲜花，此时此刻，实在是太过动人心弦，他曾做过无数个中举之后的梦，可是没有一个梦，能够比现实更加真实，可以随意触碰。他忍不住开始幻想今后的美好，或许他能够在京城安定下来，然后派人将母亲与弟妹都接到这里，一家人团聚。白日，他为国家为社稷奔走劳苦；而夜晚，他就可以喝到母亲亲手煨的汤。

这位曾风尘流离的少年，也确实在中举之后过上了一段富贵宁静的日子。纵使他的心如同明镜，不染尘埃，可是他还是为这俗世中的繁华红尘所感动了。

在年少时，有多少人能够抗拒这种源于本心的诱惑，花花世界，迷花了人们的眼睛，而此时的王维，也为东都洛阳的靡丽荣华而神魂颠倒了。

王维和洛阳的缘分，仿佛是前世就注定的。早在他未中举之时，这座华丽的花都，就曾挽留过他年少的身影。他曾写过一首《哭祖六自虚》的诗，这位叫作祖六的朋友，原本是长安人士，却在洛阳同王维结识，两人一见如故，成为了莫逆之交，他们甚至还有过一段一同隐居的经历。而这首诗中曾写道：南山俱隐逸，东洛类神仙。其中的东洛，指的便是当时的东都洛阳。

"隐居"在唐朝时也是别有讲究，有些隐居是真正的"隐居"，一旦归隐，就从此再不过问凡尘俗事；然而有些"隐居"，则是为了能够造就声名，比科举更加快速地得以出仕，后者叫作"终南捷径"。当时许多人都走过后一条道路，其中就有后来同王维并称"王孟"的孟浩然。

或许，我们每个人都曾有这样的经历，不问理由，不问因果，固执地爱上某个地方，某个角落。可能那只是街角一个幽僻冷落的咖啡馆，或者只是一座安静又深沉的山，一片天空、一袭青衣、一朵花、一颗石头，这些都可以成为我们倾注深深爱恋的载体。王维爱上了洛阳，这在情理之中，也在意料之中。那座城市当时一定美得让人窒息，纵使是千年后的我们，依然能感受到它的美丽，更何况当时它正当妙龄。

这座名叫洛阳的城市，在盛唐时，有着特殊而微妙的地位。唐朝的京城是长安，然而武则天又将洛阳命为"神都"，玄宗亦时常来此小住，而且这里还是当时全国的水运中心。车水马龙，商旅往来，络绎不绝。天津桥，白马寺，当年豪富石崇的金谷园，洛阳城的一风一物，都像是独具风情的女子，使身在其中的人们，无法不沉沦，也不得不沉沦。

《哭祖六自虚》中还有"花时金谷饮，月夜竹林眠"，这两句虽然也有几分清雅之意，然而之于他，却是格外繁华璀璨、锦绣辉煌。这段在洛阳生活的时光，令他看到了这个王朝的辉煌，也令他看到了许多不平之处。他虽然身处繁华，却并没忘记自己当年那段贫寒的时光。他没有忘却自己的抱负，不可以一味地沉沦在温柔乡里。他用他的笔，他的文字，记录下了自己所看到的一切，那是一种记叙，更是对自己的一种鞭策。

很难想象，一个人如若失去了理想，会是什么模样。人生匆忙而又漫长，转瞬的时光，如果就这样虚度，又有何意义。梦想，是人生扬帆起航最重要的动力，如果没有梦想鞭策的力量，那么人就只能困在一方小小天地，也只能拥有方寸天空。此时的王维，站在烟雨楼头，望着碧江东流，正是意气风发，展翅而飞时。

金楼歌

都说人不风流枉少年，人生很短，青春更短，花一样美好的年纪如同流水转瞬即逝。谁的青春能够永远不腐朽？谁的时光能够永恒地停留在那个瞬间？

看着年轻时候的照片，一张张青涩的脸，笑得神采飞扬，心中会不会感慨万千？千金难买少年时。照片上的那个人是你，照片外那个已经开始苍老的也是你，对比总是残忍，而人生又何曾少过这种对比。正值青春，请抓住它的衣角，尽情享受它赐予的所有喜悦和幸福，以免等到时光流逝，白了曾经的少年头，然后喟然长叹，感叹自己的青春竟然是一片虚无。

我想，王摩诘一定是深知这个道理的。他身在的盛唐，正是这个王朝最强盛的时代，一切正如百花齐放，那样热烈，那样芬芳。他也盛开在少年最青春飞扬的时刻，一击即中。尽管他的一生，已同山水定下了永恒的盟约，然而此时此刻，他却也为这份激烈的情怀所感染。他如鱼得水地行走在众多王公贵族之间，用才华博取自己的一席之地，也约上二三好友夜上城头，在布满繁星的夜空里慷慨高歌，借酒放狂。

没人会责怪这群放荡不羁的少年，他们正当最美好的年华。匆匆走过的行人抬头，望了望这群放肆的浪子，眼眸中流露的是谅解、宽容，以及淡淡的欣赏。

谁没有过年少的轻狂，谁都曾热烈地享受过岁月赋予的激情。那个明亮的夜空，明月悬挂在中天，纯净皎洁的月光倾泻在这座古老的帝都，城楼仿佛巍峨入云，骄傲自信的少年意气飞扬，借着手中的酒坛低吟长歌，这一吟，就是一首千古的诗章。

> 长安少年游侠客，夜上戍楼看太白。
> 陇头明月迥临关，陇上行人夜吹笛。
> 关西老将不胜愁，驻马听之双泪流。
> 身经大小百余战，麾下偏裨万户侯。
> 苏武才为典属国，节旄空尽海西头。

这就是流传千古的《陇头吟》。其实，当这首诗刚刚跳入眼帘时，其中飞扬的神采容易令人想到那狂浪放肆的"诗仙"李白，那也是一个千古奇人，才高八斗却恃才傲物，追求功名又视其如粪土，高呼力士来脱靴，借着醉意连皇帝都不放在眼中。李白一生任侠，也追寻那种古人十分崇拜的侠客精神，他本身亦是一位游侠，他写出这样的诗一点都不奇怪，然而如果说这是王维所写，不免就会让人觉得有些不相符。

仿佛那位清秀美丽的白衣少年，只能写出"人闲桂花落，夜静春山空"那样清幽淡雅的句子。《集异记》里将他描写成"妙年洁白，风姿都美"的翩翩少年，侧重形容了他的貌美动人，却忘记了他也是一位正当少年的男子。总是有一种气概，无法真正属于女人，就像男人永远不可能拥有属于女子的清丽婉约，这种气概，是意气，是豪迈，是"男儿何不带吴钩，收取关山五十州"的壮烈。我一直都以为，所谓巾帼女子，如花木兰，如梁红玉，如武媚娘，她们身上，纵使有再多的激烈情怀，那也是属于女子的英气，却不是男儿的壮美。

那洁白美丽的少年，也是一个风华正茂的男儿啊！没有一个男人，不希望自己建功立业，功成名就；也没有一个男人，身上没有男子气概，豪迈血性。

再温柔多情的男子，也会有自己的壮烈志气，如同建安风骨，俊逸而奔放。

诚然，王维写得最好的是山水诗，他走进许多人的心中，亦是因为他那精妙幽静的山水诗，然而，这并不意味着他其他题材的诗就不好。他是一位集大成者，亦是一位全才，他的边塞诗，并不比他的山水诗逊色。而在他的边关晓月里，就倾注了他的这种壮志情怀。虽然在唐朝，几乎每位诗人都曾写过边塞诗，却并不是每位诗人都曾前去边疆，体味那种粗粝的生活，多数诗人写边塞诗倒是醉翁之意不在酒，而是借着写边塞诗来写侠骨豪情。真正在边塞住了多年的是高适与岑参，一看他们所写的边塞诗，就能知道什么才是真正的边塞诗。

难得的是，王维在他出塞之前所作的边塞诗，就极好。这位风姿高洁的少年，并没有高、岑的幸运，能够真正将岁月洒落在关山，但是他还有梦，还有意气，还有旁人所不能及的格调与才华。这就注定他要成为青史所不能遗忘的人，注定他将留在无数人的心中。

他的《少年行四首》中的第二首这样写道：

> 出身仕汉羽林郎，初随骠骑战渔阳。
>
> 孰知不向边庭苦，纵死犹闻侠骨香。

他心中的"尚武精神"和"侠客梦"是那样完美地融合在了一起。这个温柔的少年儿郎，将自己的梦和神，谱写成了一曲壮烈的歌，翻越了重重的高山，连绵的流水，被边关的武人传阅歌唱。从字里行间，你就能看到轻裘白羽的少年将军，纵横疆场，金戈铁马地驰骋家国，仿佛是从天而降的天神。

在平时的生活里，我们如何去了解一个人呢？别无他法，我们只能通过他的言行，别人对他的评价，以及生活中的点点滴滴，去完善对这个人的印象。而过往的人们，我们又从何处去了解？历史是过去的剪影，我们无法将它充实还原到真实，正史所记载的事物，都有太多的不明朗，更何况是道听途说的传闻。其实，诗人词人是最容易被后世认识的，史书可以作假，然而他们亲手写下的文字却是字字真实。没有什么能够比他们亲手书写的字词更能洞悉他们的真实面目。如果说风尘仆仆的历史是一张冰冷的面具，那么他们的作品就是那只帮助我们掀开面具的手。而此时，要走进王维的心灵世界，我们就必须寻找他字迹中的蛛丝马迹，让他自己诉说，让他自己告诉我们，这纠缠千年的谜题。

流水落花，春去春回，他怀着那个家国天下的梦，在来去匆匆的时光尘埃后，写下了他著名的诗篇《李陵咏》。李陵是谁？那个人，值得他用那样浩大的笔墨来形容叙写吗？他是汉朝"飞将军"李广的孙子，李家代代英杰，然而每位将军的命运，却都令人扼腕长叹。李广一生打胜仗百余场，最终却落得举刀自刎的下场。他的儿子李敢，亦是声名赫赫，血战沙场而无畏无惧的将军，却被霍去病私自射杀。而王维所写的这位少年将军李陵，与匈奴血战八天八夜，最终投降，李家就此被灭族，李陵也成为了叛徒的代名词。

这段令人唏嘘的往事，深深印刻在王维的心上，他幼年听到这个故事时，就萌生了为他写诗的念头。若非退无可退，谁愿意背叛家国，谁愿意遗臭万年？又有谁愿意背负这沉重的罪名？李陵的背叛，应该是有不得已的苦衷和理由，连太史公都在《报任安书》里为他正名，司马迁的话是值得信任的，那个光明磊落的史官用他最真挚的人格，保卫了历史最大限度的真实。

他看过许多悲伤的故事，读过许多忧愁的诗歌，却没有一首诗，一个人，能像李陵一样，激起心中的惆怅和悲愤。他提笔，在诗篇的伊始就赞颂说：汉家李将军，三代将门子。结发有奇策，少年成壮士。在漫长的历史中，曾有许多一门三父子的佳话，曹操、曹丕、曹植是一门，苏洵、苏轼、苏辙是一门，而李广、李敢和李陵，祖孙三代都是精忠报国的将军，令人不由得轻叹、佩服。

王维《李陵咏》中青年将军的形象，取自司马迁的文字。李陵出自名将世家，苦战无援，为了保全属下的性命不得不屈辱地投降匈奴。这其实是一场浩大的悲剧，被掩埋在旧日的黄沙里，挖掘出来，亦是字字泣血。

作品和作者之间，始终存在着一种微妙的关系。我们并不能说作者就是作品中的人物，也不能说作品中曾经发生的事情就是作者本人的经历，然而，作品毕竟源于这个人的手，有着他清晰或隐约的投影。这时的王维，还没有迎来他的出塞，未曾真正体会到雪月风沙的暴戾。这首诗也只是借着历史的光影，凭着他的少年意气，被肆意涂抹，可偏偏就是这首诗，写出他对为将不易的感慨和他迎难而上的勇气。

或许，忠肝义胆，血洒疆场，是每个洒脱男儿都怀着的梦。这个梦，跨越了数千年的时光。多少人家中的老父，分明已是花甲之年，可提到保家卫国，依旧热血沸腾，只说自己是老当益壮。老父尚且如此，更何况是青春年少的王摩诘？只可惜，此时的他，还没有奔赴塞外的机会，他的勇气，他的热血，只能书写在龙飞凤舞的文字里，仿佛只有这样，他才能得到几分慰藉。

这一时期的王维，写了数目十分可观的边塞诗，比如《老将行》，其中的老将同李广的遭遇十分相似；他还写了一首《不遇咏》，抒发了他怀才不遇、报国无门的矛盾和悲凉。

这敏锐的少年，似乎过于早熟，他早早地就感知了人世的沧桑，明白了这个世间的黑暗与无奈。现实太过冰冷，游走在名利富贵间的他，已经过早地知晓了世情的险恶。可是他只是手无缚鸡之力的书生，纵使怀着那样壮丽的梦，却无法真正地扭转乾坤，也无法扭转自己的命运，只能在诗的结尾长叹一声：

今人昨人多自私，我心不说君应知。

济人然后拂衣去，肯作徒尔一男儿。

相思词

　　情不知所起，一往而深。情，这样一个简单的字眼，在唇齿之间游走流淌，一个短促的音节，就仿佛是一首缠绵的歌。人之所以那样美丽，那样动人，并不是因为拥有精致的五官，优雅的气质，迷人的身材，而是因为情的力量。

　　情是天地之间最神奇的一种魔力，有了它，才有了织女留恋凡尘，才有了白素贞被压雷峰塔而无怨无悔。爱恨嗔痴，人类的感情是那样丰富多彩，像雨后晴空的彩虹，也像这个本身就迷离魅惑的世界。

　　有一句话是这样说的，诗人的任务并不是去寻找新的感情，而是去运用普通的感情。这或许是古今中外绝大多数优秀诗人的长处。

　　那些声动九州的艺术家，那些文人墨客，往往都有着比常人更敏感温柔的触觉，能够探知那些动人的美好。他们轻易动情，轻易感动，同时也轻易为情许下承诺。他们时常因为多情而被人们诟病，却无法令人相信，每段感情的开始，他们也曾付出真诚的许诺。那些天长地久的誓言是真的，那些甜蜜得令人沉溺的过往也是真的，可是感情的事，又有谁能够全身而退，不沾尘埃？有时，缘分来得那样迅速，又消失得像一闪而过的流星，我们只能感叹世事无常，爱恨亦是无常。

　　感动是刹那间的事情。曾几何时，最能扣动我心弦的诗，是那首忧伤安静的《相思》。王维在写这首诗时，或许，他想起了青葱年少时，隔壁那个笑意嫣然的少女；或许，他思念起了两地相隔，只托明月寄相思的妻子；又或许，他的心头，闪过了某个娇娆华美的身影。谁能有幸，成为他沉溺红尘时的伴侣，这场缘分，终究不为人知。

"红豆生南国，春来发几枝。愿君多采撷，此物最相思。"其实，这是一首简单到极致的诗，容易上口，就像现在流行的口水歌。可正是这样简单朴素的言语，却往往更能够打动人们的心。美味到极致的好菜，常常不是那些山珍海味；感人至深的故事，也往往出自平凡。这些清秀平淡的字句，平常得就像我们身边随处可听见的话语，却是那样真挚美好。

从此以后，红豆，那些小小的殷红的果实，成为了人们凭寄相思之意的载体，又叫"相思子"。凄美的传说中，有新婚的夫妇在红豆树下依依惜别，不久后，丈夫客死异乡，尸骨无存，而身在家中的妻子得知此事之后，在树下哭得不能自已，最后泪尽而亡。这个凄凉美丽的故事，化成了美妙无比的意象，被王维巧手点化，其骨髓，其魂魄，就成了这首人尽知晓的《相思》。

据说，曾被唐玄宗十分恩待的乐师李龟年，在安史之乱时颠沛流离，流落江南。在一个月色皎洁、风声萧萧的清幽夜晚，他想起了当年繁华强盛的大唐，回忆起那些华美绝伦的时光，不由得感伤地唱起了这首《相思》。其曲调凄凉哀婉，字词忧伤，一曲唱毕，在座的人竟然无一不伤怀落泪，其中就有"诗圣"杜甫。他在听完李龟年所唱的《相思》后，哀伤不能自已，提笔写下另一首流传千古的诗：

岐王宅里寻常见，崔九堂前几度闻。

正是江南好风景，落花时节又逢君。

——杜甫《江南逢李龟年》

　　或许，这感人的故事中，有乐师高深技巧的力量，然而，不能否认的是《相思》本身的魅力。诗人之间，本来就有共通之处、知音之情。杜甫听到王维的诗而落泪作诗，亦是因为他们都是柔情之人、多情之人。

　　又到了桃花簌簌飘落的时节，辗转过了多少个零落的岁月，相思都成了灰。有幸的人，能在有生之年，白发苍苍之前，重逢在最深的眷恋里。而有太多人，就没有这份幸运，战乱流离，人世沧海，茫茫的天地里，谁之于谁，都是杳无音信，只待碧落黄泉时，方能相见。

　　历史上并没有留下太多关于王维的风月传奇，时间湮灭了太多值得追忆的事物。可是仔细想想，这样朗月清风的洁白男子，他的感情履历上，难道就真的只是一片虚无？像他这样多情的男子，必然有一段神魂相系的情爱往事。不然，他是如何写出"愿君多采撷，此物最相思"的柔肠诗句的呢？我们可以确定的是，王维在三十一岁时，妻子早逝，他从此没有再娶，一个人寂寥地栖居在清冷的尘世之间，至死，都是孤身一人。

　　其实，男子再娶是极平常的事情，在当时那个社会，三妻四妾最是寻常，更何况是失去了结发妻子，为了家庭再成一次亲。王维在妻子亡逝之后，身居高位，前来给他提亲做媒的人自然应当是络绎不绝，可他并没有动摇决心，而是仿若在挚爱的人离自己而去之后，就看破了漠漠红尘，终此一生，伴着明月和清风，伴着清泉和流石，茕茕孑立，孤身到老。

　　是怎样的一份感情，能够让这样一位风姿绝美的男子，放弃了人世间男子最寻常的左拥右抱的权利，游走红尘的宿命，一生都念念不忘曾经的生死约定？在那个男子的感情不需要忠贞保证的年代，他的这份赤诚与真心，是多么难能可贵。一生一世一双人，这样的感情，仿佛一直都存在于我们的幻梦里。现实依稀冰冷，太多痴男怨女，只是相互拥抱着取暖，度过孤冷的余生，凑合着过日子。这听上去，又是多么凄凉悲伤。

　　可是，又不能改变这种现实。为情而生、为情而死的坚贞，仿佛只存在于故事和传说里，而王维，却似乎让我们看到了一缕希望，在日后的岁月里半是归隐在山林间的王维，常伴明月，心中是一片清净宁和，他的心，是慈柔的菩提心。仿佛尘世间，已经没有任何一位女子，能够站在与他并肩的地方，与他心有灵犀，心心相印。或许，只有那位过早离去的女子，足以配得上他的温柔，他的悲悯，他的清净冰洁。

传闻说，王维的妻子同他是青梅竹马，他们自小就订下了婚约。王维上京赶考前，两人约定一旦他考取功名，就回来完婚。于是，这对小恋人依依不舍地告别。他跋山涉水，为前程功名奔波努力；而她守在故乡，一心一意地等候情人的衣锦还乡，期待着自己的凤冠霞帔。寒暑如老鸦横掠而去，她终于等来了他金榜高中的消息，而同时等来的还有半真半假的传闻——那捎信的人说，他的功名里，有公主的助力，堂堂公主，又怎会轻易帮助一个名不见经传的举子呢？那是想招他为驸马。

欢喜的笑容顿时融化在清秀的脸庞上，就像是一杯苦酒入了喉，却连苦处都说不出来。她有些迟钝地想着，其实，这样也很好。他从小心怀天下，有着她所不能洞彻清晰的雄心壮志，好像，她也不是那个最适合他的人。如果，他当真成为了当朝的驸马爷，锦绣前程不是唾手可得？他的梦想，他的壮志，亦是指日可待。而这样平凡的自己，又哪里能够像那高高在上的公主，呼风唤雨，她又帮到了他什么呢？只要他快乐，一切就好了。

温柔如水、善解人意的姑娘决意退出这场没有硝烟却胜败自明的战争，她甘愿退出，将所有幸福的机会都留给遥远的情人。冷星疏影的一夜，帝都的王维收到了来自故乡的信，可里面的内容，他一个字都不信。他一向聪慧，寥寥几句，便明白到底发生了什么。那个傻姑娘，是在用她的一生成全他，她以为她退出，自己就能够得到一切，可是她竟然不明白，如果没有她在身侧笑意盈盈地看着、陪着，这一切又有什么意义？

很快，他求见公主，禀明了一切，直言自己在家乡，有一个青梅竹马、终生都无法舍弃的恋人。或许，那位美貌高贵的公主，确实对这位才貌出众的才子怀着几分情意，她记得那曲动人至极的《郁轮袍》，也记得他清隽的字迹，妙极了的诗文；她也曾想过，如若此生能付与此人，该是怎样美好纯净。

她没有想到，"使君有妇"，他的心里，已经再也容不下第二个人。她知道自己就算有公主的身份，也不能获得这位才子的半点注目。她不是她那位骄纵跋扈的姑姑，为了一己之私，为了那些所谓的爱，摧残毁灭了一个曾经幸福的家庭。趁着这份爱还不深，趁着这个人还不足以令自己丧失理智，勇敢放弃，"成全"两个字，又有多难呢？她微微笑了笑，柔声安慰这个已经有些手足无措的年轻人，保证自己决不会对他的亲事横加干涉。

这份爱，似乎有了最好的结局。出于宽容，出于忠贞，出于谅解与隐忍，那对相爱的恋人终成眷属。我无法想象，他们婚后的美好。源自爱情的婚姻，是世界上最动人的乐章，生活的琐碎无法磨平真诚的爱，而心心相印的甜蜜，会让这份婚姻锦上添花。

红袖添香，皓腕磨墨，于青灯暗影里相视一笑，一切都尽在不言中。此时的王维，或许曾想过，神仙眷侣的生活，也莫过于此。只是他不曾想过，终局竟然来得这样快，快得谁都始料未及，猝然无措。

没有一场爱，会没有结局。有些爱，在修成正果之前就已劳燕分飞，而有些爱，却抵不过漫长的时间和生命。总有一个人要先走一步，先行远去，总有一个人，要伶仃地活着，孑然走下去。有些人，他们会被时间逐渐治愈，渐渐地遗忘了曾经沧海的爱，再度寻觅一个合适的、对的人。这不是对爱的背叛，只是对现实的无可奈何，到底，那个深爱着的人，已永远无法归来，可是他们还要继续在这个世间走下去。

可总有一些人的伤，是强大的时间也无法治愈的。看花不是花，看山不是山，谁能知道自己心中那道无法抹平的创伤。于是，那些对爱情忠贞的人，结局往往令人伤感，不是追随爱人而去，就是形单影只孤身寥落。而王维，从不曾想到，自己会是最后那种人。他想过白头偕老，想过两个人老得都没法行走时，约定一个时间一起离开。可命运终归残忍，看不得人间有白头，生生就剥夺了他所有美好的幻想。她就这样匆匆而去，而他，都来不及，约定来生。从此，世上空留一个人，思念。

第二章

落花半落东流水

长安花

如今的我们，已经很难体会当年那些上京赶考的举子的心情。这种心情，或许只有曾走过高考那座独木桥的学子们，才能感知那份一念天堂，一念地狱的命运更迭。虽说高考同样残忍，也会让几家欢喜几家愁，但却不能完全决定人的命运。多年前的科举，却是学子们改变命运的唯一路径。

有时，两种命运，当真只有一线之隔。曾有人这样追悔，当年不曾选择另一条路，而是走上了决定今日的那条路，如果那时没有回头，没有这样抉择，而今的结局会不会截然不同。可是人生没有如果，人生如梦，花开花落，春风吹谢多少红花，又吹醒多少白发，过往的事情永远没有重新发生的机会，心里有再多不甘，也只能默然接受命运的安排。

只能尽力去相信，这是上帝所能给予的最好的、最适合的。怎样才能体会那种心情呢？十年寒窗，十年苦读，都是为了这一朝。那个白衣青衫的少年，是用怎样虔诚专注的目光在红榜上细细寻觅，而后落在第一行的名字上，那原本沉静如水的目光，就渐渐染上了某种无法言说的欢喜，如同绯红的晚霞渐渐染红了天际的流云。

那是二月的某个清晨，一弯新月还冷冷挂在天空，风意清冷，可他只是觉得，求学苦读的酸楚和凄苦，就在这一刻得到了最终的补偿。想必这一刻，在后来多年的寥落寂寞里，也曾稍稍慰藉过那颗山水月明的心。他禁得起山水的明净，禁得起富贵的诱惑，也禁得起孤独的清苦，可这一刻，他几乎就要落泪了。据考证，王维既不是那年的榜眼，也不是探花，而是独占鳌头的状元。人心浮动，第二名和第三名都时常为人忘却，可第一名总是会被牢牢记得，然后在多年后相遇说，哎，我还记得你是我们班的第一名啊。人生总难免有这样的沧桑欢喜。

状元向来风光，其实即使不是状元，只要榜上有名，也是件三生有幸的事情。多年的苦读，只盼着这一刻、这一时。及第的人车马游尽京华，采遍名花，而后才是上主考官家中去表达谢意。

在唐朝，还有"雁塔题名"这个项目，一些运气不好，未能及第的进士也会来拜访，乞求一两件及第者穿过的衣服，以求自己来年能够一举高中。其间，或许就有名门贵族出入其中，挑选自己的乘龙快婿。如若能被哪户高门相中，当真是双喜临门，自此仕途平坦，青云直上。所以总是有那么多绣球砸中状元，总是有那么多美丽温柔的淑女暗自瞧上今朝及第的谁谁谁。

考证的人同样考证出了王维是在开元九年中的状元，在他春风得意的时刻，当然也会有人悲伤。落第和及第不过是一字之差，命运却是截然不同。在古代科举制度下，及第的举子，从此就脱离了平民阶层，正式成为了官宦队伍中的一员，生活从此有了天翻地覆的变化。古时，纵使是个芝麻官，在平头百姓的眼中，也是头顶的天。

可没有中举的人又如何呢？蒲松龄考了一辈子都未曾考中，孟浩然想尽办法最终也只能南山归隐。有些事情，就算用尽全力争取，还是不能尽如人意，哪里能够处处公平，处处满意。故事里的那些人，有谁此生无憾，有谁一生安然。

落第的举子们，尽管沮丧凄凉，可除了无可奈何地走下去，又能如何？心高气傲的人闭门苦读，悬梁刺股，期待来年能够有个美好结局；心灰意冷的人疲惫无奈之余却只能背上行囊，悲凉地告别这座曾经满载希冀的城市，一路凄惶而返，思索着该如何将这个消息婉转相告，一想到父母妻儿可能会流露的失望，喉中就仿佛堵了一块大石，惶惶怅然。

同王维一起赶考的人中，有一位是他的知交，他亦是一位十分出名的田园诗人，名叫綦毋潜，他的诗风同王维相近，然而在命运上两人却天差地别。此次考试，他连末榜都不曾上，只能落魄还乡，无功而返。王维前去为他送行时，还给他写了一首《送别》诗。古来送别的诗千千万万，总是有那么几句，能够在不经意间，忽然打动你的心。这首《送别》里，就有这样的句子：

> 置酒临长道，同心与我违。
> 行当浮桂棹，未几拂荆扉。
> 远树带行客，孤城当落晖。
> 吾谋适不用，勿谓知音稀。

可以想象，那两个即将分隔天涯两端的年轻人，各自怀着无法言说的心绪。碧草如烟，而远处的天空，已经隐隐发白。酒再香浓，两人再依依不舍，终究也无法阻挡告别的脚步，只能再嘱咐一句，天涯海角，莫要忘了，还有我这个朋友，这个知己。

王勃说：海内存知己，天涯若比邻。这种心情与意味，是不言自明的。那个温柔的年轻人，总是怀着那样柔软温慈的心，他不曾因为自己高中金榜，就忘记了曾经相知相许的朋友，而是能够站在朋友的角度，体谅他的心情，并且用自己所能想到的、最体贴的话安慰他。而尘世纷繁，未必能够再遇到像他这样的朋友，若谁都能怀着那样清澈温柔的心，去对待每一位朋友，这个世间，不知会是怎样的美好。

送别了知己，自己还要留在京城待命。王维的心中，此时也有几分忐忑不安，命运似乎被掌握在那个至高无上的人手中，这种前途未卜的感觉，令他感到了微微的窒息。他是会被安排出京到地方上就任，还是留在京中，从低微的官职做起？他没有任何把握，等待自己的会是哪一条道路；可他清楚地知道，不论是哪条路，自己的命运，都会发生天翻地覆的变化。他怀着这种心情，默然等待着。幸好，他并没有等多久。

很快就传来旨意，他没有出京成为一方父母官，而是留在帝都中，在太乐令的手下当个副手，也就是所谓的"太乐丞"，这是他生平得到的第一个官职，虽然并不大，只是个八品左右的小官，但他可以依旧与自己喜欢的音乐为伴，相比落魄返乡的举子们，他已十分知足。始终觉得，王维的性格中，是带着那么几分乐天知命、随遇而安的气质的，这并不是说他不懂得争取，如果他不会为自己争取，他就不会上京赶考。隐居在故乡山林中，同一两个好友喝茶论经，那不知是何等惬意，又何必千里迢迢风尘仆仆而来。只是说，他深知，什么才是知足常乐。

有人说，没有希望，就没有失望。这句话诚然是不假的，可是反之，没有失望，也就没有希望。

这一生，辗转沉浮，总要这样矛盾纠缠，悖论真理，真真假假，终究唱成一曲苦辣酸甜。王维似乎只是安然平淡地过着他的日子，做着他的小小太乐丞。可不久，就是这样一个小官，也被剥夺了。追根究底，倒是他那种性格惹的祸，平静安宁，明明深知世故人情，却不肯深入世故，不愿让这世俗，沾染衣襟。

一切都像是命中注定，有所预兆，那件事发生在开元八年的某一天，或许是风和日丽的一天，又或许凄风惨雨。而每一分每一秒，人世浮沉，上苍未必会有多少同情之意。

这一年，本应该是霜冷莺飞的一年，先是曾经风光卓绝的驸马都尉裴虚被流放新州，他的妻子，也就是大唐的公主，很快同他一起离去。就在不久后，薛王妃的弟弟韦宾因为私下议论朝政，被活活打死。连皇亲权贵们都无法逃脱那双暗中窥视的眼睛，更何况王维，此时他只是一个小小的乐官，人微言轻，亦更不会为人顾惜。

唐代的人，一向喜爱歌舞杂技节目，皇门贵族，更是以此为乐，歌舞升平，后宫前朝种种宴会，哪里少得了这种助兴节目呢。因此，王维所在的太乐署也时常会安排舞狮子杂技，以供娱乐。古人对色彩的使用十分讲究，黄色是唯有皇帝才可以享用的，也就是说，黄色的狮子，只能献给皇帝观赏。而不知为何，有一次在排舞时，伶人们竟然用上了黄狮子。事情的真相已经无从考证，是是非非也早已混淆不清。很快，有人告发了此事，皇帝十分恼怒，怪罪下来，首当其冲的就是太乐令刘侃，他被发配出京；而作为他下属的官员，王维亦是受牵连而降至"济州司仓参军"。京官一向就比地方官职位高一些，王维这次离开京城，成为比太乐丞还要卑微的参军。

济州，那是一个距离长安十分遥远的地方，在山东济南长清区的南面。那年秋天，初入官场的王维，第一次知道了官场的黑暗，也第一次经历了人生的跌宕。他深深地感知了命运的无法捉摸，同时也明白，自己在当权者眼中，又算得上什么，命如草芥，纷繁流离。

那个荒芜凄凉的秋日，没有艳阳高照，也没有清风细雨，只有草丛中恹恹的几朵黄花零落如星，他慢慢在路上走着，身后是挑行李的仆从和马匹。"嗒嗒"的马蹄声仿佛惊醒了他的灵魂，似乎是终于忍不住，他回过头，遥望着依旧繁华喧嚣的京城。

这座城池，曾经是他所有梦想聚集的地方，也是他所有梦想都逐渐成真的地方。多少次，他在梦里，见过这座恢宏华丽的城池，也曾幻想，有朝一日这里，将会有他王摩诘的一席之地，他会用自己的才华与真心，换来锦绣前程。他以为，他离那个目标是那样近，毕竟，他高中了状元，又被留在了京城，不用像许多同僚出京到地方上任，从底层官员一点一滴做起。而他身在天子脚下，机会毕竟比他们要多上许多。他想到了机会，却不曾想到天子近臣，风险也比旁人要大得多。

　　最后一次，他回首凝望，夕阳西下，如血如梦。属于他的长安城里，有他的荣耀，他的欢喜，他的悲伤，他的凄凉，也有他的希望，他的绝望。恍然间，他仿佛真正知晓了好友离开京城时的那种心情。

　　这是一座希望之城，亦是一座冰冷之城。

济州行

出了长安，过了灞桥，离了潼关，那个心意萧索的年轻人，再度来到了他少年时游过的洛阳城。这座美艳不可方物的花都，载满了他的美好记忆，花时金谷饮，月夜竹林眠，他曾与挚友相交，在这座城市里写下了彼此最真挚的回忆。他从来不曾渴望过纸醉金迷的繁华，也不爱酒池肉林的奢靡，他只渴盼知交者两三位，清酒三两盏，竹声影动，把酒言欢。

他不知道，遥远的济州，那荒冷的济水之南，能否找到几位知音，一同将荒芜的时光填补。皇命在身，纵使王维对洛阳有再多不舍之意，留恋之情，他还是要踏上离去的路。匆匆地，他再次同这个深爱的城池告别，来日相见，不知何夕，但愿你我还有缘分，在我有生之年，能够再度重逢。遥遥地，他向洛阳作揖而别，走向他的方向。

此时的王维，心情依旧低落。还未从贬谪的失落中恢复过来，同洛阳的离别又给他添上了几分惆怅。一行人就这样默默地走到了郑州，夕阳缓缓下沉，映射得四周的流云都隐隐明艳起来。他终于记得要抬头望一望，这远行中的天空。这一望，他心中竟然微微一动。

荒野漠漠，澄净的江水不断奔流，江风吹拂过两岸的芦苇，江阔云低，归雁无声。这样的好风景，就让人这样看着，人心仿佛都能随之宽阔起来。

他仿佛是沉醉多年的酒鬼，在夕阳的抚慰里恍然觉醒——谁的人生，毫无浮沉？没有魔何来的神，没有祸何来的福，世事对立，总归不是福就是祸，只要一心相待，命运又能奈人何？这么多年，可笑自己竟然不曾明白，梦想同现实，总不会完全契合。成大事者，哪里能够不经历磨难，不承受风雨。周文王成千古霸业前曾被纣王幽禁多年；司马迁写《史记》流芳千古，可也经受过非人的宫刑；他不过是被贬谪济州，既没有被罢官，也没有被流放，更不曾牵连到亲朋好友，自己又有什么可悲伤的呢。

所以说，人心真是很奇妙的东西，一旦陷入悲意，就觉得天地苍茫，仿佛世间，没有任何事物值得自己留恋欢喜；可一旦从悲伤中走出来，忽然之间，便觉得这个尘世是如此美好，到处都洋溢着生动的活力，生机勃勃，爱恨都觉得纯粹干净。

王维暂时将烦忧抛在身后，专心欣赏起沿路的美景，中华大地原来如此广阔。此去经年，这样的风景不知道此生还有没有机会再度欣赏，又怎可沉浸在个人得失的伤感里，对它们视若无睹呢？在这样的风景里，一切都变得渺小起来。

过了郑州，他们就下马走水路，一行人又上了船。过了郑州就是荥阳，这是个十分热闹的地方，日落时分，家家户户炊烟袅袅。人人都讲着王维所听不懂的方言，一切之于他，都是那样新鲜又亲切。身处这热闹的俗世，他只觉得温暖，可这令他感到那样温暖的地方，也不过是匆匆旅途中暂时停靠的小小一站而已。他只能远远地站在船头，遥望这一片世俗暖意，云外三千里，他要去的地方还很远很远，远到他望着孤雁归去的云头，流露出微微怅然的神色。

荥阳过去，又离开了一个地方。孤舟缓缓行驶在寂寞的河道里，不知何日能够停泊时，却停靠在了汴州。汴州以下的河道早已荒废，王维他们只得离船上岸，步行到了滑州。滑州处于黄河沿岸，他们再度搭船顺流而下，此行的目的地，终于遥遥在望。

这一程山水，这一段旅程，终究要告一段落。正如人间的所有事情，都要画上句点。古话说，天下无不散之筵席，亲人，好友，青春，时光，都会在不经意间离自己而去，唯一能够常伴身侧的，不过是一袭孤影，形影不离。

人生总要经历那么多美丽又残酷的风景，也只有不断经历不同的风景，不同的人，人才能够成长起来。然而话说起来容易，真正经历时，又觉得那样痛苦。成长，那是一个不断失去和得到的过程。总是在注意自己失去了什么的人，往往觉得苦痛难忍，人生了无生趣。然而，真正成熟勇敢的人，总是会明白，自己得到了什么。

王维这次旅行，收获了一路的风景，收获了成长的磨炼，也收获了豁达的心胸。沿途的事物，命运的翻覆，开阔了他的眼界与心胸，这个不曾遭遇太多磨难的年轻人，在这次所谓的"黄狮子事件"中，真正地成长起来。

当时的济州，不过是一个地处偏远的荒芜小州，而王维不过是一个小小的司仓参军，只管着一些仓库和租赋的小事。这种差使免不了烦琐，实际上，烦琐倒在其次，真正痛苦的是那些像王维这样的小官，上要面对自己的上级，下要面对黎民百姓，夹在两者之间，差使办不好，就要面对上级的苛责鞭笞；可是如果圆满完成，就是苛待了百姓，心中又觉得无比难过。

许多时候，现实是无法改变的。那个时候的王维也一定不快乐。力量太小，实在无法挽救更多人；人心太过卑微，有时又太过慈柔，在无力更改的事实面前，难免就觉得伤心痛苦。大千世界，人若蜉蝣，古往今来，许多人就走进了这种苍白虚弱的悲哀里，深深沉溺，无法自拔。

他们都不曾明白，这样短暂的一生，能挽救自己的只有自己。幸好，王维是懂得这个道理的，他深深信奉着中国士大夫传统的信条——穷则独善其身，达则兼善天下。在无法帮助更多的前提下，不让自己继续沉沦，才是对自己最好的做法。

济州虽然偏僻，却是个修身养性的好地方。幽僻自然有幽僻的好处，天高皇帝远，闲暇时分，也乐得逍遥。王维在这里，结识了许多好友，这些好友身份各异，有道士，有隐者，也有寻常的樵夫渔农。其中有一位是来自泰山的焦道士，济州同泰山相距不远，这位道士仿佛是吸收了这座名川大岳的精华，格外超脱自在，古人习惯将道行高深的道士称为"炼师"，这位焦姓的道士，便达到了"炼师"的水准。

> 山静泉逾响，松高枝转疏。
> 支颐问樵客，世上复何如。
> ——王维《赠东岳焦炼师》

这首诗，写在两人相知相识之后。唐代的隐士，有些是真正的高人隐者，身居深山秀峰里，山外极少踏足。我时常会想，只同清风明月，秀梅白鹤做伴的他们，如果不是那些诗人同他们相交，感于他们的风度而为他们写下了那些流传千古的诗，他们会不会就此默默地湮没在重重的尘埃里，像最平凡最寻常的烟火百姓。

就像王维笔下的这位焦炼师，如若不是摩诘的笔墨，我们会不会知道与记得，曾有这样一个人，隐居在幽深的山川里，半是樵半是道，宛如生活在凡人难得一见的桃花源，风姿秀雅脱俗得连王维都曾称赞过。但是，反过来一想，如果他们不是真正得道的高人，那些诗人，又怎么会同他们倾心相交。这个世界上，最难得的就是无缘无故的爱，最可怕的是无缘无故的恨，任何事情都是有相应的砝码的，而称量的就是心中的那架天平。

在我的心目中，王维一直是那个清秀淡雅的白衣少年，心怀天下，却不会为了天下伤害自己。他就像是超脱在凡俗之外的仙人，淡淡的，念着俗尘，却不会深入沾衣。像他那样美好的少年，仿佛就应该生活在天外的世界里。俗世里是满满的情意，可也太热闹，热闹得人心都喧嚣了。济州的生活，看似荒凉，可并没有磨平他那颗痴迷山水的心，也没有令他从此沉沦凡俗，忘却了纯澈清明的灵思。

鱼山，那座坐落在济州南方的清秀的山，在它山脚下的村庄里，流传着一个美丽的传说。像曹植曾在洛水之滨遇到了凌波仙子一般，也有一位才子曾在这里遇到秀美绝伦的仙子，两人一见钟情，此前从不知相思为何物，却在相遇之后，才会相思，便害相思。未久，他们终成眷属，像童话故事里所有的王子和公主，幸福而甜蜜，永远地生活在了一起。为了这个美丽得不像口口相传的传说的传说，王维在温暖晴好的一天，来到了这里。

他看到了葱茏郁郁的树木，也看到了雕着龙凤的屋檐，那是鱼山中香火鼎盛的庙。如同每一个民风淳朴的地方，都要建庙祈求神灵庇佑，都要用诚心供奉着一片虔诚。鱼山的神庙，也吸引了许多虔诚的信徒。然而不同于普通的神佛，这里的庙宇更有一种塞外异域的韵味。娇娆歌舞的女巫手中，响起了不绝于耳的鼓点，那些急促跳跃的音符匆匆地从他耳膜上飞奔而过，像是一场盛大的逃亡。

飞鸟从树梢和枝头上不断掠起，太阳渐渐西沉，忠心的信徒们屏住了呼吸，期待着他们的女神。而王维站在人群中间，似乎同他们融成了一体。然而他的心，他的灵魂，却不属于这里。或许，我们每个人都曾经深爱过某个地方，然而天高地远，山水苍茫，尽管深爱，却不曾约定过彼此，不曾相互属于。可是总的来说，王维对这个地方，渐渐消除了以往的抵触，慢慢感受到，并且爱上了这里温暖淳厚的民风。在这里，有他喜欢着的山水，也有知交的好友，这对于他来说，就已足够。

醉清风

宝剑千金装，登君白玉堂。

身为平原客，家有邯郸娼。

使气公卿坐，论心游侠场。

中年不得意，谢病客游梁。

——王维《济上四贤咏·成文学》

一直很喜欢这首诗，尽管我同样喜欢"落花寂寂啼山鸟，杨柳青青渡水人"的工雅，可是这首诗，让我看到了一个不一样的摩诘。就像是忽然之间发现，一个娇柔温婉的江南女子，也可以脱去绿罗裙，换上寒铁衣，露出一张决绝坚定的脸，斩断所有柔弱的情愫，奔赴未知的前方。

在我的心中，他一直是那个白衣清秀的少年，沾衣欲湿杏花雨，吹面不寒杨柳风，他既温柔又美丽，像那轮有点苍白又温暖的月，也像那束明净不染尘埃的月光。我沉溺在自己的幻梦里，竟然忘记去了解他的每个细节。一个人可以有一千张不同的面孔，纯真的、阴暗的、璀璨的、悲伤的，那样多的面孔，我却只记得我心目中认定的那一张。

其实，我一直恋慕着的那个少年，并不只是一个温柔到极致的少年。他也有飞扬跋扈的时刻，也有激情高昂的一瞬，也曾渴慕成为仗剑走天涯的侠客，孤胆英魂，只要握紧手中的一柄剑，就什么都不会害怕。在济州时，他有一位好友，姓崔，名已不详，官职做到了录事，那句"中年不得意，谢病客游梁"，说的就是这位崔录事。

两人的际遇十分相似，都是曾经心气骄傲，却向往着游侠生活的人，然而世事坎坷，好事总是多磨，到最终也未必圆满。晦暗的现实逼着他们垂下头，承认它的残酷与强大，年少时的心高气傲被渐渐磨平，而曾有的锋芒，也被渐渐埋没。王维对此，亦是十分愤懑，山水也不再能令他的心感到平静，他最爱的明月也渐渐苍黄悲凉。他痛恨憎恶着不公平的现实。

不公平的事情实在太多，尽管他是一个那样温润的人，也始终有着一颗忧国忧民的心。即使身在遥远的他乡，他依旧年轻气盛，对朝政对现实，有着那样美好的憧憬。然而，其实他是最明白的人，洞悉这个社会的黑暗，却没有办法从根本上改变这个国家。或许，多年后，他主动向当时炙手可热的丞相张九龄抛出了橄榄枝，也是源于未曾冷却的理想。那一点还不曾熄灭绝迹的小小火光，继续为了所有人的温暖，驱使着他继续前行，而令这位曾心高气傲的少年，真正成为了一位权臣。

后事不必再提，此时的王维，依旧身在偏远的济州城，日复一日地过着他的清淡生活。街头斜阳，寻常巷陌，所有再平常不过的东西，在诗人的眼中，也能焕发出淡淡的诗意来，那感觉非常恬淡。

行走在这些充满了烟火气息的街头小巷，有时，记忆总是会将他带回当年岐王府邸，那奢靡华丽的盛宴。想起当年风华卓绝的过往，也想起曾一同放肆高歌的朋友。那些好友，零落在天涯，不知道，他们还好吗？这些时候，在他脑海中，出现得最频繁的是在长安结识的好友，祖咏。王维的朋友，都是极其富有才华的人，这位祖咏，亦是不例外。

据说，他有一次参加考试，考官出的题目是《终南望余雪》，规定每人必须作一首六韵十二句的诗，然而，祖咏只写了四句就出来了。别人问他为什么没有写完就起身离开，他笑了笑，说，已经意尽，何必多言。他所写的四句，的确是一首难得的佳作，其中一句堪称神来之笔，诚然，如果要他继续往下写，倒是显得狗尾续貂了。为了追求好诗，不让凡俗破坏一首诗完整的美感，他不惜放弃了考试，此举倒是风流才子的作为。这样深爱着诗，又富有才华的人，自然能够成为王维心中的好友。

王维的故乡是蒲州，而祖咏家在洛阳，两人虽然都是进士身份，然而后来的际遇，却是天差地别。从王维的诗来看，祖咏后来的生活，还是有些拮据，捉襟见肘的。身在济州的王维，非常思念这位和自己脾性相投的朋友，他在诗中说"仲秋虽未归，暮秋以为期"，意思就是说纵使在仲秋时分，我不能够去看你，但是到了暮秋时节，我一定会前去同你畅饮高歌。

可到了暮秋时，王维还是无暇分身，前去探望好友，正在他充满愧意之时，祖咏倒是风尘仆仆地来了。这一来，可是令王维十分欢喜，两人相互作诗赠答。有时候，当真羡慕从前的诗人，爱得那样纯粹，恨也恨得干净利落，脾性痛快，至交好友间互相以诗相送，说不出的风流写意，清澈美好。美好的日子总是那样短暂，祖咏这次来去匆匆，甚至都没有好好住上几日，同好友抵足而眠，彻夜长谈。祖咏是在就任的路上，特意绕道济州前来探望好友的，这份情谊，令王维十分感动，于是这促使他亲自起身，将祖咏一路送到了齐州。送君千里，终须一别。山再高，水再长，再天长地久的盛宴，也会有离散的一日。

离散是一个十分伤感的词，就像世间所有的事物，总有一日，都会来同我们款款告别。可是我们依旧留恋，依旧黯然神伤，依旧希望着能够回到从前，那时所有悲哀伤人的事情都不曾发生。可是人生，哪来那么多的如果和希望，我们生活在一个到处都是离别的时空里，今天同昨日告别，明日又同今日告别。在生命旅程里，来去匆匆的那些人，有些是专门用来告别的，有些则是用来留恋与怀念的。祖咏之于王维，显然是情深意重的后者。这场离别，令这位温和慈柔的诗人，都忍不住落下了凄凉的泪水。谁能知道，今日的分别，何时会有感人的重逢呢，或许此生此世，不复相见，又或许再度相见时，两人都已经白发苍苍，垂垂老矣。光是想到那样一个场景，王维就忍不住心中的悲恸。后来，他为这场送行这样写道：

送君南浦泪如丝，君向东州使我悲。

为报故人憔悴尽，如今不似洛阳时。

——王维《齐州送祖二》

纵使是千年后的我们，在风和日丽的时节里读来，也觉得，送别真是一件十分伤心的事。

过去一同仗剑天涯的日子，一如东去的流水，一去不返，那个曾始终相伴在身侧的朋友，竟然也要同自己告别。虽然人生，就是一个不断失去的过程，可是在分别来临之际，当离开成为就在眼前的现实，人们依旧难以抑制伤心的情怀。人总是这样，道理人人都懂，说起来头头是道，可是做起来，却觉得难如手提千钧。再难舍难分，也终究要相互告别，各自走向各自的人生。

相遇，只是命中注定的缘分，而分离，才是每场相遇最终的结局。任是谁，都无法避免这最终的宿命。送别了一生的好友，王维也回到了济州。这时，济州府已经新上任了一位长官，这位姓裴的刺史，是天生的执政者，出身名门，小时是著名的神童，风度温雅，却不乏长官的气度仪态。最难得的是，这是一位十分勤政爱民的好官，据说，他曾经养了一只知更鸟，训练它在初更时轻叫几声，在五更时大声鸣叫，他就照着这只鸟儿的鸣叫时间，批阅文件，处理事情。而且，在皇帝决定来泰山封禅时，这位裴公亲自上书希望皇帝能够收回成命。济州就在泰山的不远处，如果皇帝亲临，带着后宫嫔妃，带着皇亲国戚、满朝文武，浩浩荡荡而来，如何接驾还是小事，问题是沿途的百姓，特别是泰山附近的黎民，难免要有更重的赋税，受苦受难。在他动之以情，晓之以理的恳请后，皇帝终于决定不来泰山，可是不久后，灾难又侵袭了这座多灾多难的城池。

自古以来，所谓灾祸，不是天灾，就是人祸。这次济州遭遇的，是羸弱的人们难以与之抗衡的天灾。开元十四年，黄河泛滥成灾，殃及周围城镇，死伤者数以千计。在济州，裴刺史亲自监督人们修筑堤坝，自己也是废寝忘食，同周围的人一起，在第一线作战。不久后，朝廷来了命令，改任他为宣州刺史，然而，为了不动摇民心，他将这道旨意隐而不发，直到人们修筑好了堤坝，才启程离开，前往宣州就任。

在这样良好的气氛中，王维也一时忘却了个人的得失悲伤，专心地投入工作之中，只是闲暇时分，难免会思念故乡以及远在故乡的亲人。谁的心中，都有一个故乡情结，落叶归根，而遥远的家乡，始终都是自己心中最深的依恋。即使无心无情的人，想起故乡的一花一叶，也会觉得心中隐然痛楚。

王维的机会很快就来临了。有时候，命运就是这样奇妙，能够在你不抱任何希望的时候，出乎意料地给你一个惊喜，就像柳暗花明，十分有趣。

开元十三年，唐玄宗颁布了赦令，这次大赦，包括所有获罪贬谪的官员，自然，王维也名列其中。时来运转的那一刻，王维忽然觉得，自己的眼前，仿佛又是一片光明璀璨。

他很少有这样的感触，在很久很久前，月宫折桂的那一刻，他曾经幻想过自己未来的美好人生。那时，月亮还明净，风还很清朗，自己也还是一个不知天高地厚的年轻人。尽管他此时的年纪并不大，可是命运的翻覆转折，已经让他的心渐渐沉淀，他的眼中，也开始有淡淡的沧桑，就像眼角的细纹，一笑起来总是无法遮掩。对过去，他有所伤感，对未来，他有所期盼，但已经不像当年那样鲜活炙热。他不再是莽撞任性的少年，时光已将他雕琢成内敛、温和的男子。在一个落花婉转，杨柳青青的时节，他带着家人，踏上了归途。

　　来路还依稀可见，当年来的人，和今日离开的人，仿佛已经是两个人，唯一不变的，就是他那颗怀着梦想，对苍生怀着眷恋的心。

辗转路

有时候，真的觉得，命运之神，就是在以戏耍凡人为乐，在人们原本是坦途的人生上，偏偏要布置上几块大石，或者要多设置几个转弯，总要在人们极度绝望之时，才愿意让人们看到一点希望。我们以为王维受到了赦免，就可以官复原职，回到那个繁华的长安城，从此一帆风顺地走到终点。可是，往往希望越美好，现实就越残忍。

在王维众多的友人之中，有一位叫作韦抗的，是当年的刑部尚书。开元十三年，他推举王维就任掌事一职。原本，这一切都是十分顺利的，然而世事难料，还没等王维回到京城，这位好友就驾鹤西去，如此一来，王维无法留在中央机关。好在他毕竟是刑部尚书生前举荐的人，于是，他就被派到了大约是淇上的地方，做了一个小官。

也许有人会质疑王维，仿佛这样一个清雅秀明的诗人，不应该为了五斗米折腰。他曾经写过陶渊明的桃花源，连写的田园诗都同陶潜的诗息息相关，那他又何必，待在污浊黑暗的官场，忍受着莫名的冤枉气。就好像，身为文人，有骨气的文人，应该拂袖而去，天地之大，哪里没有容身之地，这样方能显出铿锵气魄，对得起文人的一身傲骨。

王维又何尝不希望像当年的陶渊明一样，弃官印而去，从此常伴倦鸟飞鱼，在山林中幽然隐居，就这样了此余生。可是，他能够做得到吗？对逐渐老去的母亲与年幼弟妹来说，他是这个家庭中的长子，长兄如父，他无法丢弃年幼的弟妹们；对他自己的小家来说，他是父亲与丈夫，丢开幼小的孩子与温柔娇弱的妻子，又岂是大丈夫所为。现实，逼得他不得不低头。官职再小，好歹他也是一方长官。弟妹逐年长成，已经快到谈婚论嫁的年纪，若是自己成为一介庶民，难道要他们娶个农户女子，嫁个商户人家？他还有那么庞大的一家需要承担，所有责任都负担在他羸弱的肩膀上，这容不得他逃避，也逼得他无法生生擂开手，就此离去。

幸好，他就任的官职，事务并不十分繁忙，他又开始过上了一种半仕半隐的生活，在他的余生里，他几乎都沿用这种生活方式，一直到死亡将他带走。淇上是个好地方，有人考证说，它大约在河南东北部，靠近当时的东都洛阳。这里有一座苏门山，山上有孙登的"啸台"，有阮籍的竹林，还有嵇康的淬剑池等文人留下的美好痕迹。魏晋时期的文人，尤其是竹林七贤，他们的足迹几乎遍布了苏门山。

屏居淇水上，东野旷无山。

日隐桑柘外，河明闾井间。

牧童望村去，猎犬随人还。

静者亦何事，荆扉乘昼关。

——王维《淇上田园即事》

王维在这里半仕半隐，又重新写起了隐士的诗歌，此时的王维，已经不是当初在蒲州时同隐士相交的青涩少年，只是单纯向往这种生活；也不是在济州时心里还存着微微怨怼的年轻人；现在的他，在世情中浮沉摇摆，已经洞悉了太多过去他不懂得，或者是不愿面对的事情，这种成长的体悟迅速地映射在他的诗歌中，让我们明白，他已经有所成长，心境亦是逐渐地沉淀下来。

我们每个人都要经历这种成长，有时候，成长会在一夜之间，可是这种成长，往往需要付出巨大的代价。而另一种成长方式，总是悄悄地，默默地，无声无息地在岁月里缓缓积淀，是一种潜移默化式的改变。而等到我们发觉，就会看到，此时的自己，同过往中的自己相比，仿佛是截然不同的两个人。

此时，王维结交的朋友中，不仅有道士，还有许多高僧。或许，他是一个天生就具有佛性的人，又或许，早年母亲的虔诚，对他已经形成了巨大的影响。佛性在他的心中，如同随着时光，逐渐绽放的优昙花，渐渐地占据了他的神魂。开元十七年，摩诘前往长安开化坊的大荐福寺顶礼膜拜，成为了这所寺庙里道光禅师的弟子，其实在开元十六年时，王维就已经被调回了长安，在秘书省就任校书郎之类的职务。据说，他这次能够回到长安，是因为他写了一首叫《上张令公》的诗，然而所谓的张令公究竟是谁，这已经是千古的谜题，不知是当时的丞相张说，还是位高权重的张九龄。

时光，果然将这个曾青葱温柔的少年，洗练成了圆滑的男子。他的容颜依旧如同最纯粹干净的莲，然而他的心境，已经经历了尘世的沧桑。飞燕带走了他的过往，也带走了他浮华的骄傲，于是他所有的自尊，都深深地沉淀在了心底，没有人能够从他的一颦一笑里，窥探他的灵魂。世事让他变得更加成熟，可他依旧保持着心底最初的那份坚持。他带着始终同他荣辱与共的妻儿回到了这座阔别已久的城池，心中思绪万千，难免要想到当年离开这里时的荒凉，也难免要回忆起那一时无二的风华。

荣华和耻辱，都是人生中难以磨灭的痕迹，仿佛生生死死，都不能抛弃这两者。经历的时候，自己总会心潮澎湃，心思如同泉涌，然而在多年后，想起这些曾有的过往，或许迎接它们的，不过是淡淡一笑。往事，既然已经是往事，就不可更改，也就无须记挂。未来还有那么多事情需要去做，又何必，凝滞在前尘中，举步不前。

　　初回京城，王维就陷入了忙碌之中，前去秘书省报到，还有一个家需要安置。突如其来的繁忙令他暂时忘记了清净的美好，却在不久之后，迎来了自己的又一位好友。那是一个大雪纷飞的冬天，晶莹的雪掩盖了城池里所有的罪恶和繁华，嗒嗒的马蹄声从遥远的地方渐渐靠近，有人在飞雪里策马前行，白袍风帽，马儿停在了王维家的门口，他下马，掀开风帽，露出一张清瘦的面孔，王维出门迎接，不由得露出了十分欢喜的笑容。

　　子曰：有朋自远方来，不亦乐乎？王维一向是将好友放在极其重要的位置上。古人说，兄弟如手足，妻子如衣服。摩诘自然不曾这样对待妻子，然而朋友，他觉得那是生命中不可或缺的一道风景。如若没有朋友，生命未免就有些干涩平淡了，也会更加寂寥。他握住来客的手，喜不自胜，连声说："浩然兄，好久不见，好久不见。"

　　是的，那是后来同他并称"王孟"的孟浩然，两人的山水田园诗都是脍炙人口，流芳百世的。王维的诗有种云水禅心的意味，而孟浩然的诗，则是清淡到了极致，也雅致到了极致。最爱他那"微云淡河汉，疏雨滴梧桐"的清丽。后来这两句传到唐末，被温庭筠化用成了那"一叶叶，一声声，空阶滴到明"。而温庭筠的这几句词，到了宋时，又被蒋竹山化入了自己的《虞美人》，只说是"悲欢离合总无情，一任阶前、点滴到天明"。

　　其实后来的诗句，追根溯源，都是孟浩然的这两句诗。这淡到极致的诗，似乎令你觉得它不是诗。孟浩然这次回到长安，也是为了参加考试，想要博得功名，向众人展示一下自己的才华。然而他时运不济，在第一轮春试时就落了榜，他心中怀了另一个念头，好友王维和王昌龄，都在秘书省工作，如果他们愿意将自己引荐给张九龄等人，那么自己还是有希望的。想到这里，他仿佛看到了希望，因此前来寻找王维。

　　关于孟浩然，民间有一个传说，据说他居住在王维家中时，皇帝曾微服到王维家。当时布衣之身的孟浩然，是无法面见天子的。于是王维便让他藏在了自己的床底下，而后自己向皇帝陈情，希望他能饶恕孟浩然。唐玄宗也是个风流才子，早听说过孟浩然的诗写得极好，于是哈哈大笑，让孟浩然大胆出来。既然孟浩然出来了，那皇帝自然就要要求他作诗来瞧瞧了，结果孟浩然一时脑袋糊涂，竟然说：不才明主弃，多病故人疏。连人才都辨不出的皇帝哪里称得上明主，玄宗一听十分生气，便说：朕未曾弃人，自是卿不求进，奈何反有此作。这一说，就断了孟浩然一生的仕途。

传说并不可信，王维官至尚书右丞是在上元元年的事情。那时的孟浩然，早已往生多年，而在多年前他上京赶考时，王维不过是偌大京城中的九品小官，玄宗就是再爱惜王维的才华，也不会微服到他家中。不过看来，古人都觉得孟浩然运气差。他曾一心求仕，试过"终南捷径"，也试过寻常路子，就是上京考试，然而哪种方法都没有结果，他至死都是一个白丁，怪不得古人也要编出这个传说。虽说命运很多时候由不得自己主宰，然而看到孟浩然的一生，总归觉得枉然。

开元十七年，仕途无望的孟浩然终于决意离京，他在白雪纷飞的时节满怀希望地来到这里，又在白雪纷飞的时节，黯然而去。这次，他对于自己的仕途，是真的不再抱有任何希望。或许，上天只要他当一位清淡的田园诗人，钩心斗角的官场，并不适合他。又或许，他这样离开，当真是件好事。

老友就这样黯然离去，他的背影，长久地留在王维的脑海中。无端地，他仿佛生出了一种艳羡，其实能够这样逍遥地来去，天地之间，随心而至，没有功名的负累，也没有俗世的累赘，也是一件快活至极的事情。

追求简单，崇尚快乐才是人生的最高境界。

归去兮

人间最悲哀的事，莫过于白发人送黑发人。而人间最伤怀的事，也无非是挚爱的人忽然之间离自己而去。而王维，在孟浩然离开京城不久后，就遭遇了这两件天底下最痛苦的事情。《旧唐书》中曾有所记载，说他"妻亡不再娶，三十年孤居一室"。这样平淡的一句话，就带过了那人那时所有的苦痛悲伤，轻描淡写里，却蕴含着万般的愁肠，千般的眼泪。

曾经的天伦之乐还历历在目，曾经红袖添香的温暖还能回味，曾经携手并肩走过的天涯还并不遥远，可是忽然之间，自己已经是形单影只。该如何描摹这场不幸，而孑然一身的那个人，心中又该是如何痛楚难当？孤身一人，承受天底下最大的痛苦。都说最后被留下来的那个人是最痛苦的。人世苍茫，这个人世间，最亲最爱的人都已经离自己而去，这样孤独痛苦的生命，就算长达千万年，又有什么意义呢？没有了生命的意义，人和孤魂有什么区别？

从新婚到死亡将他们分离，他和他的妻子，一直都是伉俪情深，不离不弃。从他春风得意到颠沛流离，从他金楼高歌到荒疆远乡，她都跟随在他的身侧，从未离开过一步。不论发生什么事情，她总是那样温柔地微笑着，低声安慰他，告诉他至少还有她。多少次，他沉溺悲愤，他悲凉失意，都是她素手轻抚，将他从失神的脆弱中唤醒，带回凄凉而温暖的尘世。他曾以为，大概这样，就是一生一世了吧。他不求三妻四妾，不求软玉红颜，只要这样两个人，过着平淡的生活，最后一起走向生命的尽头，那就是最圆满的事情。

可谁承想，原来一生一世，这样短暂。

最先离开的，是他们的孩子，那是他们用爱情孕育出来的孩子。据说，那是个男孩，可是由于他早夭，名字早已散落于轻尘里。夫妻俩都十分宠爱这个聪慧伶俐的孩子，他自小跟着父亲吟诗作画，很早就学会了诗词乐画，孟浩然上门探访时见到这个孩子，只说日后前途不可限量，说不定也能成为像父亲一样的大家。

如果这个孩子不曾夭折，或许历史上当真会出现另一位天赋异禀惊才绝艳的少年，如果他不曾过早离开，那他的母亲，或许也不会因为过度悲伤而骤然离去，他的父亲也不会因为经受双重的打击看淡红尘，最终心如止水。可是历史已经无法更改，那个天才般的小小少年，匆匆地走过了他那样短暂的人生，过早地结束了他生命的旅程，还有什么比这更让人悲哀。这场哀伤如此浩大，王维夫妻瞬间老了十岁。

都说孩子是父母一辈子的期望，做母亲的实际上比丈夫在孩子身上会花费更多的心血。而年幼的孩子，忽然之间的夭折，在母亲的心上留下了一道深深的伤痕。她日渐消瘦，忧郁成疾，最后竟然发展到卧病在床，无法起身的地步。对于妻子的伤病，摩诘看在眼中，却伤在心中，他日夜开解，忍着悲痛安慰她说，他们都还年轻，一生那么长，自然还会有第二个、第三个孩子，可是这也抚慰不了妻子的伤心，她的病一起便如沉疴，不久，她便郁郁而终。

她是他的女神，那是个柔弱却坚韧的女子。多年以来他们相濡以沫，她从未抱怨过丈夫收入的低微，也没有恨过这样一大家人。长嫂如母，繁重的家务亦担在她纤弱的肩头，至死未卸去，可是她并无怨言。丈夫常年流连山水，甚少管理家中事务，她也决不会在他面前流露出一丝憎恶。生活的风霜，都没有将她打败，可是丧子的痛苦，瞬间击败了她。她无法忍受这种打击，终于抛下了相知相守的夫君，追随爱子而去。这对于王维而言，实在太残忍，可又有谁，忍心去责怪这样一个女人，就连王维自己，也无法怨恨她的自私。

明明美满幸福的一家三口，就这样被隔在生死的两端，碧落黄泉，此生此世，天人永隔。自此之后，他的寂寞要他自己来承担，他的放纵也不会有人唠叨，也再不会有人，在他长醉不醒时，亲手递上一碗解酒汤。

寂寞忧伤，像是一尾冰凉的蛇，吐着荧荧的红芯子，日复一日夜复一夜地缠绕在他的心头。他失去的妻子和儿子，不断地出现在他的眼前，眼前所有熟悉的一切，都能让自己想到他们，这个地方，他断然是不能够再住下去了。

弟妹都已经长大成人，各自成家，也有了赡养母亲的能力，而与自己最亲最爱的那两个人，都已经不在人世，他又何必，在这苍凉的长安，继续生活下去。他终于有资格，有勇气，抛却俗世事务，从汲汲营营的官场中抽身而退，从此天涯陌路，随意行走。他终于自由了，这场自由，是他的妻子和孩子赋予他的，可是这样的自由，代价太大，大到他宁愿一生一世都被俗世捆绑。可是此时的他，又能如何呢？他漫无目的地行走在偌大的天地间，看不到来路，也看不到去路，茫然地，毫无目的地，最终，他来到了嵩山。

这座名山宽容温柔地收留了他这个伤心孤独的流浪人。他在这里寻到了暂时的安宁，也得到了短暂的安慰。山水本就是他的灵魂，一旦归于深山，他所有的苦痛，仿佛都能够得到清净的抚慰。尘世中的人无法做到的事，他在葱郁的山林里，得到了实现。

他选择了隐居，像许多年前他就想要做的那样，归于山林，隐于深处。从此时光，是属于他的时光，悲伤欢忧，也只是他一个人的情绪，他不必再为了谁，去做自己不喜欢的事情，也不必顾虑他人的情思，而委屈自己卑躬屈膝。那时，谁曾问过他，是不是真的喜欢写应制诗，谁曾温柔低语说，如果你不愿意做，那就不要做吧。那时的他，没有任性的权利，而此时，他终于可以在空山雨色里慢慢放纵，只因，冷暖自知。

唐人对于仕途和归隐的态度，一向比较开通，没有太多的苛责。王维当年曾拜谒过的玉真公主，一心向道。玄宗疼爱这个妹妹，便给她修筑了一座十分豪华的道观，她就时常住在道观之中，一生修道，终身未嫁。其实皇室之中出家修道的公主郡主数不胜数，既然皇族对于修道归隐的态度都是如此宽和，那么王维这样的小官弃官出走，人们就更觉得无所谓了。何况，弃官归隐的并不是只有王维一人，他的好友中也有人丢了秘书省的官职，归隐了两三年后，又回到朝中当了一个右拾遗。这种事情，大概也只能发生在唐朝了。这种归隐，更像是一种度假，给自己的心和身体一个假期，一个休息的机会，好让之后的仕途更加顺利。

归隐田园是每个人的梦想，有很多人都希望可以过这样的日子，有点"终南捷径"的意味在其中。但是我相信，此时的王维，是真的疲惫了，厌倦了，不愿意在这个污浊的官场继续生存下去了。他伤心妻子的离弃，急切地渴望与山水相遇，希望山水的温柔，能够化解他的悲伤，抚慰他的灵魂。冥冥之中，他来到了嵩山，或许，这是上天特意安排，他的弟弟王缙已经出仕，正巧在嵩山附近的县里为官，这个县在唐代叫作登封县，而嵩山，正在这个县的境内。

嵩山离洛阳并不遥远，所以此地虽然山月深秀，却并不荒冷，亦有着淡淡的烟火气，如同人间冷暖。隐居在嵩山的名人不在少数，王维在这里，遇上了画家张谭、诗人李颀。其实李颀虽然没有李白有名气，但他的诗，特别是边塞诗，写得亦是极好。铿锵风月，那些温柔如水的事物，在他的笔下，仿佛都有一种边塞的味道。张谭善画，李颀工诗，而王维既擅长画画，又擅长写诗。三人在山水中相遇，自然而然，便倾心相交，成为了所谓的诗酒丹青之友。其实王维同张谭的关系更好，密切到称兄道弟的地步，他还给张谭写过《戏赠张五弟谭三首》，而这三首诗，从时间来看，更像是他日后隐居时，回忆当年喝酒作画的潇洒惬意时所作的。在这宁静逍遥的生活中，他心口上的伤痕，渐渐被时光治愈，不是不痛，不是不伤心，只是他刻意忘却了这场刻骨铭心的伤。

　　或许，正是因为如此，他从未写过任何悼亡诗。诗人能够写诗感念事物，实际上是一场幸运的缘分，能够以此纪念某些深深记着的事情。所有丧妻的诗人，几乎都写过悼亡诗。苏轼写过"十年生死两茫茫"，纳兰容若回忆当年琴瑟和谐时写过"赌书消得泼茶香"。唯有王维，人们从未在他的诗中寻到任何关于他亡妻的事。这样的结局，要么是恨得太深，恨到这世上，从未出现过这样一个人；要么就是爱得太深，深到自己此生此世，不敢再回忆起她的分毫，只怕情难自禁，会流泪，也许这种回忆只存在于自己的脑海里。

　　流浪的生活，隐居的时光，使他的伤口渐渐消失不见。这种生活方式，似乎也只是唐人所独有的，无论遭受了多大的坎坷与失意，只要跟着风浪迹天涯地走一走，到心向往的地方去一去，仿佛一切难过伤心，都会随风消弭，不自觉地消解无痕。孟浩然放弃出仕之后，天大地大地随处奔走，最后回到了鹿门山隐居，而此时，他的心境，已经完全恢复平和。而李太白被唐玄宗赐金放还之后，亦是随即开始梁宋之游，同杜甫和高适一同走遍梁宋，下汴州，登吹台，怀古高歌，逍遥快活，莫过于此。

　　在嵩山隐居了一段时日后，王维离开了流浪的第一站，一路西行，走到了咸阳，又往西，前往巴蜀，那已经是距离咸阳几百里的地方。他走得很远，在几乎是靠近边关的那个地方，他终于发现，这里的月亮，跟长安的月亮，仿佛是截然不同的。这里的明月，是粗粝的，被风沙涤荡的，是金戈铁马的铿锵，不像长安的，总是那样柔润，那样温和，一如春雨细润、优柔而宁静。他的胸襟，豁然之间产生了一种开阔之感。

　　所以，我总是以为，人生是应该有一场没有目的的流浪的，不要选择目的地，不要设定旅途客栈，也不要担心结局的模样，我们只要背上行囊，带上说走就走的勇气，让心来告诉我们前行的方向，随意地行走在天地之间，无须挂怀时光的流逝。我们不应该强求，在旅途中，在流浪的过程中，我们到底收获了什么，只要有这样一场特殊的经历，人生，就已经足够完美。不是谁，都有勇气和机会,去流浪的。

　　而王维这次流浪,显然给他带来了一片比过往全部加起来,还要广阔的天地。在流浪的旅途中,他明白了许多事情。最后,他终于走到了巴蜀之地。也就是李太白所歌咏过的蜀道。这里有一座山,高入云霄,举目望不到山顶,只看得到不断缭绕着的浮云。此地气候多变,像是江南的黄梅时节,时而雨声大作,时而又晴空万里,艳阳高照。王维来到此山,实际上是为了拜访这里的一位隐士。据说,他在山林中寻找了一整天,都没有发现这位高人的踪迹,一直到月上枝头时,才在隐约的流水声中,寻觅着幽幽的琴声,找到了那位高人所居住的禅院。

　　在山里停留了没多少日子,他又离开了这个地方,向着西南方前行,谁都不知道他的目的地究竟在哪里,可是他知道,这样的旅行,自己一生,也不过一次。

第三章

芙蓉村下醉流霞

黄花川

　　要拥有多少勇气，才可以放弃一切荣华和舒适，敢爱敢恨地走一次天涯。旅途寂寞，长路漫漫，似乎看不到尽头，随时还有迷路丧生的危险。在危险之中，生命显得更加珍贵，在日后的平淡生活中，也更值得被珍惜。我试图想象，当王维孤身一人，踏上旅程，毫无目的地走在蜿蜒的小径上时，心中是否有过一瞬的后悔。

　　何必放弃宁静的生活，何必远离繁华的红尘，何必自我折磨地流连荆棘丛。并不是我对他没有信心，可是旅途实在孤苦，而人在深陷清冷时，总会怀念过往，就连对当初厌恶的虚伪官场，也会觉得还有那么几分美好。然而，我发现我的怀疑是毫无根据的，他是那样坚定地向前行走着，仿佛走着走着，就能超越了时间和空间，再次见到自己最爱的妻子与孩子。他坚定铿锵的心，流露在他的诗情里，流传，传承，就凝固了千古。

　　　　　　危径几万转，数里将三休！
　　　　　　回环见徒侣，隐映隔林丘。
　　　　　　飒飒松上雨，潺潺石中流。

静言深溪里，长啸高山头。

……

——王维《自大散以往深林密竹磴道盘曲四五十里至黄牛岭见黄花川》

从他的诗中，仿佛能看到青衫落拓的男子，孑然行走在弯曲的小道上。风动竹摇，青衫随风而去。伴着潺潺的水声，虽然四周幽深诡秘，可是他信步走着，悠然自若，似乎并不以身侧的重山叠岭为意。于是，因着他的淡定宁静，一切都变得静谧起来。

诗中的摩诘，是那样宁静闲适，一如在长安时的平和，也如同在济州时的惬意，他似乎很享受这种独处的安宁，并不在意失去的官职。从他的诗题中，似乎就可以窥豹一斑。他的诗很大程度上继承了大小谢的诗风。大谢是南北朝著名的山水诗人谢灵运，后世将他和陶渊明并称为"陶谢"，两人一同开创了山水田园诗派；而小谢则是指谢朓，文学史上称谢灵运和谢朓为"二谢"。一直都以为，摩诘是将二谢诗风的精髓学到了骨子里的诗人，灵心淡扫，又独具风情。

有人说，读一首好诗，犹如享受了一场独特的旅行，穿越了时光，也穿越了空间。读王维的诗，更是一种优美的享受，没有谁的诗，能够像他的一样，清秀得如同一幅山水画，淡然里依旧能让人感受到俗世的温暖，一如日落晚霞，绚烂而刻骨铭心。

走下狭长的小径，就离开了黄牛岭，摩诘便走进了黄花川的地界。黄花一词，总是容易令人有明日黄花的伤感，就像知道一切都已经成为过去式时的悲凉。可是黄花川，却是一个美丽到极致的地方，那是一个如同江南，如同天堂般的地方。清澈的溪流追逐着水中的落花，飞奔，跳跃；岸上的红树如火，如残阳，如朱砂；栖息在幽林深石之间的，是不知名的鸟儿，娇俏地啼了一声又一声，仿佛是在附和谁的悠悠琴声。或许，是摩诘的琴声。他是一个琴棋书画样样精通的人，亦写过"独坐幽篁里，弹琴复长啸"这样的诗句，我相信，他亦擅长弹琴，高山流水，一曲清流。

行走在这样的美景里，他按捺不住提笔的冲动，于是，就给我们留下了"我心素已闲，清川澹如此"的美好句子。世事无常，而他已经有所看淡，心若简素，那已经是一幅不染尘埃的绸缎，任是谁，任是任何伤害，都无法令它失却原本的纯净。心若是闲淡，景致映在眼中，自然也会变得清淡柔和，这份淡染的情怀，冲淡了原本浓烈鲜艳的风景。他在这片净土里，寻觅最原始的纯真与平淡，然而寻觅之后，他还是要踏上属于他的旅程。这里再美，也不是他的终点，不是他的归宿，他找不到理由，在这里长久地停留。

之后的行程，仿佛一日比一日更加陌生。很多时候，他都不知道自己身在何处。然而现世的我们，却可以从他的诗中推测他的行迹——九折坂、五丈原、褒斜谷、剑门、双流、刀州，这些陌生而冷峻的地方，如同一柄柄青霜剑，他从它们身上踏过，感受了历史的苍凉，也懂得了人世的悲悯。他似乎是真正有所悟了，神佛心性，所谓慈柔。那一炷燃在佛前的香，袅袅地，仿佛是此刻在心中燃烧，他终于知晓：失去的，并不是真正地失去，而得到的，也不是真正得到。这尘世间所有的一切，都如同流水，只是在手中稍加停留，可是又有谁见过，谁的手心能够握住纯澈的流水？

红尘本是惆怅地，如何折返不染衣。他走过了许多许多的地方，这是他在长安时从未想象过的经历，原来此生，自己还能有这样的机缘，走遍这些名山大川，也走遍孤乡远疆。他不止领略到山水的美好，心境更是被再次洗涤。旅途中，他又走过了益州，来到了梓州，之后，他又再度启程，折往合州、渝州等地。渝州，就是今日的重庆。等他抵达那地，已经是次年的暮春时分。万紫千红的花色，都已在晚春的风光中，微微零落，只有性子缓的山茶，花期长久，依旧开得千娇百媚。他在这里逗留了片刻，小三峡的水，淡雅的山茶花，也挽留不住他漂泊的身影，他依旧默默地前行着，像是一个真正的流浪者。

谁也不知道，这段伴着月光的悠长岁月，何时会结束。如同唐时所有浪游的诗人，我们的诗人，似乎比谁都更加执着与固执。离开渝州之后，他走水路前往荆襄，据说在那里，他曾作了一幅画叫作《三峡图》，然而这幅画早已遗失在时光碎片里。荆襄之后的一站是吴越，在那个充满历史的厚重感的地方，他忍不住感慨万千。

叹英雄寂寥，叹明月无情。西子曾在这里浣纱，范蠡曾在这里想尽百般计谋，阖闾亦是在这里从强大渐渐走向消亡。最深情的是时光，总是让人对有些人，有些事，念念不忘；最无情的亦是时光，有什么，能够比它更冷漠，世上的任何一切，都无法打动它的分毫。越州，也就是今日的绍兴，这座文化名城，地处江南水乡，向来蕴蓄着一种温厚凝重的力量，如同老成持重的长者，一如既往地令人觉得自在。

都说人间最美是江南春，王维来到这里，已经过了江南最美的季节，然而接踵而至的夏季，却一样别有韵致。夏蝉晚钟，落日残霞，江南的夏日，不像春日那样柔和灿烂，却有种凛然的壮丽，分外高傲。当他走过这里的小桥流水，当他孤独而温和地穿过岸上的乌瓦白墙，当他最后一次凝视着这里格外娇艳的紫薇花，他记起这座城市的南方，有一座云门山，住着两位得道的高僧，崔颢、孟浩然、李白与孟郊等人，都曾来过这里，游赏之余，曾写下了流传千古的诗篇。他也曾为这次游山画过画，只是在后日的时光里，这幅画像那幅《三峡图》一样，无迹可寻。之后的行程，从他的诗中推断，他应该是来到了如今的江西，因为他曾到庐山一游：

> 竹径从初地，莲峰出化城。
>
> 窗中三楚尽，林上九江平。
>
> 软草承趺坐，长松响梵声。
>
> 空居法云外，观世得无生。
>
> ——王维《登辨觉寺》

这首描写庐山的诗，充满了慈柔和怜悯，一词一句，都洋溢着道家的意味。有人评论说"窗中"一句，看似平淡寻常，却是一望无际的风景，仿佛是谁登上了山顶，举目远眺，望尽了碧水东去、水天一线的好风光。而妙极之处，却是从窗中与林上出发，如同在方寸天地里一眼看去，就望尽了整个世界的美好。站在微渺的尘世里，看尽天下的风景，这是王维的诗意，也是他的禅心。这是典型的东方式的透视，在人和自然的对视中，进行着默然无声，却永恒的交流。离开了庐山，这场旅游，我们都深知，已经接近了尾声。

没有一场永远的流浪，正如人世间没有永恒。婚礼上，神父对着新人，要他们分别许下永恒的誓言，承诺此生不离不弃，相守相依。可是誓言不能阻止人心的变幻，不能延缓死神的脚步，更不能令时光凝滞。如今的我们，像是走进了一个连誓言都不能尽信的时空，又有什么资格来要求永远的爱或恨，永远的留恋或飞翔？

游过庐山之后，王维来到了京口，它位于今日的江苏镇江。镇江这个城市，仿佛是因为它的醋出名的，我们记得它的幽幽醋香，却不约而同地忘记了这个城市的美丽风景。王维比我们都更早地发觉了这里的美好，他穿过落日浓烈的余晖，来到这里长长的堤坝上，望着往复缠绵的潮汐，留下了"日落江湖白，潮来天地青"的名句。每次读到这两句诗，我都不得不感叹他高超无比的用词能力，他是那样擅长绘画，时常有人评论他的诗是诗中有画，他的画则是画中有诗。一个淡淡的"白"同一个寻常的"青"，那种覆盖了一切的奔腾壮阔，就这样跳脱而出，被描绘得淋漓尽致。他最擅长在诗中运用色彩调配，使用他炉火纯青的绘画技巧，这使得他的诗，果然是诗中有画。

离京口不远的地方，就坐落着千年的古城江宁，也就是后来的六朝古都南京。此时的江宁，还不是后来南宋的都城临安，还没有成为六朝古都，然而早已有几个朝代将它作为自己的国都。因而，这里凝聚的历史，远远比别的地方更加厚重，名胜古迹，更是数不胜数。而王维选择率先来到这里的瓦官寺，这是一座充满了传奇色彩的寺庙，据说"书圣"王羲之曾经在这里藏了一幅自己的真迹，此传说不知道是真是假。然而王维来到这里，却不是为了寻找书法上的至高藏品，他是为了隐居在这里的高僧璇禅师。两人相见之后，虽然没有一言一语的交流，但所有想说的话，都已经藏在彼此清澈的双眸中，如电如幻梦，一闪而过。

或许，有一种相遇，有一种相知，有一种知己，从来都不需要言语交流。不用借助任何媒介，彼此已经心灵相通，心有灵犀，如同前世早已注定的缘，在今世得到了偿还和圆满。这种静默无声的交流，仿佛更加晶莹剔透，容不下一丝尘埃。在两人默默的凝视中，王维忽然顿悟了，真正的道，从来都不需要开口言明，他终于从困顿的囚牢中离开了，也终于得到了此行的意义。此前想得再多的道理，总是行不通，却在此刻，如醍醐灌顶。于是，他知道，自己的这场旅行，是时候给予结束的理由了。

松月负

开元二十三年，这时的王维，算起来也不过是三十余岁，正当壮年，若是放到今日，还够年纪去参与竞选"青年企业家"。时光已经抚平了他的伤痛，山水也已经令他的胸襟更加开阔，他更清楚地知道，还有许多事情值得自己去做。人生一世，并不是只要上养父母、下养妻儿就可以的。于是在那个风声温和的暮秋，他乘着一辆朴素简单的马车，无声无息地回到了阔别已久的长安城。

离开这座城市，已经有四五年的时光，他已经从当初离开时那个落魄伤心的年轻人，变成了今日心如止水、清明安和的男子，一举一动，都散发着成熟的味道。可是这座城市，日复一日，依旧繁华如往昔，它的时光，是凝滞的，是停留了多年的。过往的行人来去匆匆，脸上都带着一种焦灼的神色，这在他浪游的过程中，是从未见过的。他所遇到的樵夫、渔人、禅师，无一不安适平和，他对生活的感悟是温和有序的。

他叹了口气，既然自己已经决意回到这里，就要承受必然要承受的。那些温柔的山水，便只能当作闲暇时的幻梦，值得自己去完成的事情，还有太多太多。他做的第一件事，就是拜谒朝中重臣，为自己开辟一条道路。他写了一首《上张令公》的干谒诗，这位张令公到底是张说还是张九龄，后人始终得不出一个结论。不论是哪位张令公，在朝中的地位都是举足轻重的，都是能够为王维的复出说得上话的，而且他们都精通文墨，跟王维意气相投。而根据王维诗中所述，仿佛说是张说要比说是张九龄更为贴切一些。

可是，不论是谁，王维都曾为了自己的复出，选择了一条以往的自己不太会选择的道路。后来，他还写了一首《献始兴公》。似乎是因为上一次所写的干谒诗没有给他带来理想的结果，他再次出击。这次的目标是明确的，始兴公，就是张九龄。在诗中，王维一改往日的清淡模糊，以一介布衣的身份表明心迹，自己希望投入张九龄门下，做出一番事业来。这次的献诗很快得到了回音，而且效果亦是十分理想。当年张九龄就拔擢了王维，命他出任右拾遗。这次的官职，比从前的任何一个都要大。

有时候，后人也会感到一些不解，为何一次流浪归来，曾经清静如明月的诗人，就会有如此天翻地覆的改变？似乎在旅行的途中，这具躯体，已经换了一个灵魂在生存。但实际上，王维并不是一个没有理想和抱负的男子，作为诗人，他的诗已经达到了某种巅峰；而作为男人，他的事业却还没有达到相应的位置。他曾经是蟾宫折桂的状元郎，若是他从一开始就是云水自若的人，任花开花落，云卷云舒，那么他就不会为了功名，拜谒岐王与公主。

那个早已将青涩沉淀成睿智的男子，深知际遇的奇妙，那是可遇不可求的东西，可有时，偏偏又需要你伸手抓住。人生没有第二次，而机会也不会那样青睐你。这次，他选择主动出击，除了他希望借此完成自己的理想之外，事件背后也有着深厚微妙的政治背景。完成每一件事情，人们都有其坚持的理由，无缘无故，没有人会去完成什么，哪怕只是举手之劳。

摩诘主动向张说和张九龄献诗，实际上并不是什么奇怪的事情。唐朝，在我们的记忆里，那是一个繁华强大得前无古人后无来者的时代，可我们也都知道，这个曾经让海内外都钦佩的国家，最后也是逃脱不了注定的命运，循着历史的轨迹，消亡在战乱与衰弱的烟尘里。从太宗的贞观之治，到玄宗的开元盛世，唐朝日渐强盛。然而，开元这一时代，却是唐朝由盛而衰的一个转折点，在那样迷醉的繁华之下，已经暗藏着诡谲而必然的悲音，而高高在上的统治者们，却沉溺在丝竹管弦的欢乐之中，浑然忘却了民间贫富的巨大差距，也忘却了荣辱本就是相生相依的。

唐初的朝政，一开始是清明的，公正的，更是充满了包容性，那时候，并没有党派林立、各自为政的隐忧。然而到了后来，吏治同文学两派的争端，就成为了朝政上最明显的党争。这件事情，直接影响到了玄宗对于国家事务的管理。开元初年，丞相姚崇处理政事，更加偏向于吏治。姚崇是一个典型的官吏，更加注重吏治，也是一种必然。然而，到了张说，他却是导致唐玄宗更加重视文学治理的一个重要转折点。

张说，在政治家的身份之外，还隐藏着一个文学家的身份，在唐朝的政治舞台上，他算得上是一位叱咤风云的人物。据说他一生"三登左右丞相，三作中书令"，丞相和中书令，都是不小的官职，可以说是在一人之下，万人之上了。做官能够做到他这种地步，简直就是天下所有读书人的梦想。而且，张说本人还极其富有文学素养，诗歌、文章，样样手到擒来。古时的文学，小说戏曲之类的，都是旁系，唯有诗文，才是正统。而张说，最擅长的就是写诗和作文。由于张说自己就是文人出身，那么他擢升官员，自然要擢升文学素养高的人，张九龄、贺知章、王翰等唐朝著名的文人，都是他提拔的。因而，张说不仅在政坛上拥有自己的一片天地，在文坛上亦是当之无愧的领袖人物。

所以说，张说的所作所为，等于是直接动摇了魏晋以来门阀制度的根本，为普天下寒门学子开辟了一条求仕的路径，营造出了文士从仕的良好氛围。在这样的氛围之下，曾经忧惧家世不敌高门大户子弟的学子们，纷纷看到了希望。李白、高适、岑参等人，都是受到了这种良好氛围的感染，纷纷上京，寻求未来。而像王维这样的才子，又怎么会放弃这样的机会？经过多年的沉淀，他已经明白抓住机遇的重要。

在张说隐退之后，继任他的是他亲手选拔出来的张九龄。他也是一位才华

出众的文人，在他的伯乐离开之后，继续推行"文学"的方针。他写过一首极
具繁华气象的诗，亦是唐朝的抒情名篇——《望月怀远》：

> 海上生明月，天涯共此时。
>
> 情人怨遥夜，竟夕起相思。
>
> 灭烛怜光满，披衣觉露滋。
>
> 不堪盈手赠，还寝梦佳期。

头两句，是我们十分熟悉的佳句。实际上，这是张九龄将张若虚的《春江
花月夜》浓缩之后而写成的诗篇，可是其中的一些诗句，竟然远远超过了原来
的篇章，更加深刻地镌刻在人们的心底。由此可知，张九龄亦是一位才华横溢
的文人，他对于文人的擢升选拔，比张说有过之无不及。在这样的情形下，王
维毅然选择了献诗给张九龄，让他看到自己的才华。这条路，是摩诘自己的选
择，就后来他从孑然布衣忽然到右拾遗一职的结果来看，仿佛也是成功的。

塞翁失马，焉知非福。你所以为的幸运，或许只是短暂无比的一瞬；你所
以为的悲伤，或许在下一刻就会产生奇迹一样的变幻。摩诘以为，自己的选择
是正确的，可是在未来的时日里，或许他也曾有过片刻的失神，后悔当初的抉
择。然而那时，他想要离开纷争，远离朝政的浑浊，回到清静的山水之地，还
自己一片宁静的天空，已经是不可能了。

人们总是在失去之后才知道珍惜，总是在无法自拔时才知道自由的美好。
或许，我们的诗人并不适合游走在那样纷繁的官场里，将一颗晶莹剔透的心，
生生染上俗世的尘嚣。总觉得，最适合他的，是曾经的一袭白衣，一壶清酒，
一轮明月，他举步行走在清凉的夜风里，享受自然的温和与静谧，此心再无疲
累，此生再无纷争。

开元二十四年，丞相张九龄被玄宗罢免。那时已经入冬，那年的初冬，寒

潮来得格外猛烈，如同此事给朝野上下带来的震撼。实际上，导火索并不是什么大事。而严重的后果，往往蕴含在微妙的事情之中。

此前，玄宗想要将节度使牛仙客擢升为尚书，这个决定却遭到了丞相张九龄的反对。张九龄以为，牛仙客既不是出生于门阀世家，也没有什么显著的文才，不堪当尚书这个大任。玄宗反问，连张九龄自己的出身都不是名门世家，又有什么资格要求牛仙客出身名门？然而张九龄自恃为文臣，并不是那些不通文墨的官吏可比的，所以稍有狂妄。这样一来，就惹怒了玄宗。那并不是一位只懂得喝酒赏美的皇帝，如果他只懂得沉醉于温柔乡，又岂能在当年诡谲的皇室斗争中脱颖而出，成为笑到最后的大赢家？

玄宗脾气并不算差，张九龄却一再触怒他——他并不是不知道自己的丞相在心里想着什么。表面上，张九龄只是注重文学，然而，实际上他是在维护他旗下整个集团的利益。这还不是最令玄宗生气的，张九龄仗着背后的政治团体，几乎是公然挑战他的皇权，这是历史上每个皇帝，哪怕是最宽容的皇帝，都无法容忍的事情。纵使，张九龄原本并没有这个意图。

因而，在此事发生后不久，张九龄就被罢免官职。这种结局，似乎是一种必然。张九龄其人，文人风骨过重，实际上，他跟张说一样急于求进，却没有张说的手腕。而此时，玄宗对他已不耐烦，又宠幸更加会讨自己欢心的李林甫。虽然张九龄看不起李林甫的逢迎拍马，可他却不是有着满腹心机的李林甫的对手。内忧外患之间，张九龄似乎注定会走向这种结局。换一种方式想，这一生，张九龄也已经足够圆满，能够这样平安回乡，安然度过余生，未尝不是一件幸事。需知伴君如伴虎，幸而玄宗并不是一位昏庸暴虐的皇帝，对于固执坚持的臣子，顶多也只是像对待张九龄一样，罢免了事。

到此为止，曾经备受荣宠的文治，终于在李林甫上台之后，土崩瓦解，惨然地败在吏治的手中。这场没有硝烟，却处处动人心魄的战争，落在王维的眼中，忽然之间，就惊起了一片风雨。此前的他，是知晓政治斗争的可怕的，可毕竟他未经受到真正的打击，纵使被发落出京，到了地方上亦是一方官员，不是白丁。然而，现在的摩诘，终于知道了这种可怕，稍有不慎，或者是站错了队伍，就有可能粉身碎骨，灰飞烟灭。

文治，像是败在了吏治之下。可这就是文治真正的失败，或者是吏治真正的胜利吗？尘世里，谁都没有真正的失败或胜利，李林甫此举，只是为了巩固自己的地位，将不顺从自己的人都连根拔起，而玄宗对他暂时的支持，也是为了让自己的帝位更加稳固。这样的斗争下，曾经光华耀眼的大唐盛世，出现了更多不平的声音，这些声音，渐渐汇聚靠拢，似乎有奔流汹涌之势。

故人思

　　未来，究竟什么才是未来？

　　我们总是在忙忙碌碌里，追寻着所谓的未来，可是未来的答案，没有人能够对我们真正诉说。那只是存在于我们心里浩大的蓝图，有着我们最渴望最恋慕的一切，未必会如愿以偿，却能够给予我们一种向上的动力。或许，这就是未来存在的真正意义：过好现在的每一天，不要生活在日复一日的幻想之中，却没有改变时下的行动。

　　人生就是那样匆匆，如同一梦，如果连我们都不珍惜，又指望谁，能来珍惜我们自己？

　　有时，我们会在恍然之间觉得，我们怎么就活成了这个样子，曾经认为远远不如自己的朋友、熟人，居然都活得那样潇洒，那样好，他们所拥有的，正是自己日夜垂涎的。有些人，在渴慕之后，是会有所行动的，然而有些人，只是在一声喟叹之后，又恢复了自己平淡忙碌的生活，却不知道自己已经距离梦想越来越远。

　　我们不应该责怪我们的诗人，纵使他曾违背了自己的本心，看不清什么才是最适合自己的，因而踏上了一条充满了斗争与旋涡的道路。可是，从某个方面来说，也正是这条路，使他更加深刻地明白了清幽生活的可贵，也锻炼磨砺了他的心性。人，总要在磨难中才能将自己炼铸得坚硬刚强。而摩诘，他的生命中，有着太多的山水的慈柔，人性的温暖，或许让他经历残酷的风雨，反而更能令他明白尘世的道理。只有经历过风雨的人，才有资格感叹彩虹的美丽，也只有经历过残酷斗争的人，才能迅速成为更加强大的人。

开元二十二年，张九龄还在朝中为相，而王维也刚刚坐上了他右拾遗的位置。一切，都还风和日丽，一切惨淡的事情，也都还没有发生，尽管谁都无法阻止它从酝酿到爆发的脚步。这一年，张九龄阻止了唐玄宗想要将张守珪封为丞相的意图，并劝说玄宗将安禄山斩首。或许，早在安史之乱之前，这位才思过人的丞相，就已经发现了安禄山的狼子野心，他尽了自己最大的努力，在那场直接导致盛唐衰弱的战乱之前，阻止这一切的发生。然而，历史的脚步，从来都不会因为谁的意图或愿望而更改，一切该来的，都在注定的轨迹上，慢慢地降临。后来，玄宗知晓安禄山叛乱，显然是后悔了，后悔不曾听张九龄的劝谏，后悔不曾信任这位从来都是忠心为君的丞相。而那时，张九龄已经魂归尘土，再也不会知道帝王的悔意，尽管玄宗派人去了他的家乡，在他坟前告慰祭奠，可是一切晚矣。

时光飞快流逝而去，如同匆匆离去不愿停留的旅人，仿佛前面有更加美丽的风景，等待着他去追寻。可是到了更远的地方，他依旧不愿耽搁，永远都维持着匆匆的脚步。开元二十五年，也就是王维上任的三年后，张九龄已经下台，李林甫也已经巩固了他的地位。那年暮春时分，在骊山下的韦氏山庄，九位举足轻重的大臣相约见面。这是一次文臣的聚会，王维也身在其中，并且为这次聚会写下了《暮春太师左右丞相诸公于韦氏逍遥谷宴集序》。

骊山，这本来就是一个充满了传奇的地方，许多美丽的故事，在这里流传，如同从天上流传至人间。清代词人纳兰容若就曾有这样的句子：骊山语罢清宵半，泪雨霖铃终不怨。那些写唐玄宗与杨贵妃生死情深的句子，是文人美好到清澈的夙愿，希望天底下所有的事情，都是源于本心；不幸的事情之所以发生，不过是因为上苍见不得太明亮圆满的结局。太子太师萧嵩，前左丞相裴耀卿，前右丞相张九龄等人，像是受到了某种感召，纷纷出现在这个美丽的地方。这些人，绝大多数都是朝中的清官、直臣，都是使李林甫感到畏惧的人。

以某种并不光彩的手段夺来的东西，人享受着的时候，也会觉得心有不安，因为愧对那些曾经被自己伤害的人，同时也不愿面对真实的自己。错了，好像就只有接着在这条路上错下去。李林甫不会明白，自己为什么会畏惧张九龄等人。因为那些人身上的正直果敢，是他一辈子都不会拥有的东西。他渴慕着那些，同时也畏惧着那些。当然，最后，他选择了永远地错下去。

逍遥谷，也就是骊山下的韦氏山庄，这是韦嗣立的别庄。这位韦大人，也不是常人，他家父子兄弟三人，都曾官至丞相，亦是人人称道的好官。这次集会，正是他们发起的。这群人，在李林甫初上台之际，聚集在长安不远处的骊山，在李林甫看来，等于是蔑视他的权威，向他发出挑战。然而，这次集会，与会者却十分小心，其间不过饮酒谈玄，像是魏晋时期的风流名士一般，远离了国家大事，远离了尘嚣纷争，只是以酒会友，谈天作诗，一如清淡如水的君子之交。其中，被谈论得最多的话题，就这样在不经意间，进入了王维的心里。

亦官亦隐这样四个字，在懵懵懂懂之间，钻进了他的耳际。他早已对官场的尔虞我诈感到厌烦，几次想脱身而去，却不得自由行。他更向往，走进山水，走进自然心中，像从前一样，在天地间自由漂泊。可是没有任何漂泊，可以脱离物质基础。此时的王维，官职并不大，薪水也很微薄，如若放弃了官位，等于放弃了安身立命的根本。即使他此时已是孤身一人，可是他依旧还是要活下去的啊！他也想天大地大地去行走，也想去追寻海外仙山，天下仙境，可是自己手中的力量，竟然是那样微小。

而众人提出来的这个主张，像是忽然给了身在暗处的摩诘一丝光明，哪怕只是一丝，他也看到了希望。茫茫人生，人们最害怕什么？不是害怕失去财富，也不是害怕受到伤害，而是害怕失去希望。如果没有希望，我们又拿什么去追寻未来？听着众人的讨论，王维像是豁然开朗了，他也不必离开长安，不必放弃安身立命之本，只需要在京郊寻一处宁静的所在，白日可以在长安为官，到了黄昏时分，他就可以回到山庄里享受田园带来的静谧。仿佛这样就是两全其美，他既可以完成自己造福一方的梦想，又可以满足自己沉浸山水的情致。当他厌恶了红尘纷扰，他可以离开那个地方，回到自己的小小天地里，静默地感受月光的温柔，春山的欢喜。既没有违背祖训和大节，也没有违背自己心灵的意愿。

他微微一笑，觉得自己像是长途跋涉的流浪者，筋疲力尽，口干舌燥时，忽然在茫茫的荒野里，发现了一条微小却清澈的溪流。可是笑着笑着，淡淡的笑意，就突如其来地凝固在唇角。其实，看似圆满里，却是多么悲哀的事情。文士们，因为政治上的失意，无法完成自己在政治舞台上的理想，而不得不远走山泉，避开那些无力抵挡的纷争。那些想要真正为天下做些什么的人，隐居山里，从此静心淡欲地走过一生，这不是他们的理想，只是他们在无可奈何之下，做出的一种抉择。王维也是官吏中的一员，也经受过风雨的摧残，于是亦能感受他们的悲欢，他们的无奈，他们对于这个世道的淡淡绝望。

这是一场战争所带来的结局。胜利的，欢笑着高高在上地看着所谓的失败者们黯然地离开曾经占据的高位。胜利者可以尽情地享受胜利的滋味，而失败的人们，也必须要尝尽失败的苦涩。他们并不是害怕失败，在他们决定开始这场战争时，就已经做好了流离四方的准备，只是在惨淡的终局来临时，仍免不了发出凄凉的喟叹，叹此生浮沉多舛，叹终究还是小人得志了。在张九龄被罢免后，王维曾望着他离去的方向，写下了一首送行诗。

所思竟何在？怅望深荆门。

举世无相识，终身思旧恩。

方将与农圃，艺植老丘园。

目尽南飞雁，何由寄一言。

——王维《寄荆州张丞相》

古代的读书人，坚贞而诚实地信任着前人传下的信条，而摩诘同样相信着"滴水之恩，当涌泉相报"，张九龄带给他的并不只是滴水之恩而已，而是将他从布衣，提拔成了京官，尽管那只是一个小小的右拾遗，可也是知遇之恩。人向来都是命酬知己，摩诘对于张九龄的感恩之心，不只是挂在嘴边说说而已的，对于恩师的不幸，他几乎感同身受，恨不得以身相替。可是，人生没有假设，他只能随着人们，一同目送张九龄渐渐远去。

他又送走了生命中一个重要的人。他曾送走了他的好友，他深爱的妻子，还有他宠爱疼惜的孩子，而此行，他送走了恩师。每个人都曾经历过人生中重要的岔路，在岁月的尾声里回忆起来，这些岔路会格外明朗，因为记忆格外清晰。对于改变了自己人生轨迹的那个点，人们总是会记得分外清楚，那些重要的事情，非但不会因为时光的流逝而褪色，反而会日益鲜明。大多数人的人生，都是寻常平凡的人生，重要的事，无非也就是那么些，结婚，生子……于是，樱花飘落，暮春的清香款款而来时，王维忆起往昔，或许，就是在送别张九龄的时候，他忽然意识到了，自己应该选择亦官亦隐的那条路了。

归隐，终于成为王维的必走之路。

塞外行

没有人，可以预知自己第二天会经历什么事情。有时候，有些事情，就是那样突如其来，令人束手无策，猝不及防。

上天不会告诉你，应该如何去准备，当它的旨意来临时，我们只能等待，顺从，接受，给自己交上一张圆满的答卷。然而，如何接受，怎样才能接受得圆满，或许这就是上天给我们的考验，只有通过了这一关关的考验，我们才能笑到最后。我们每个人，都是生活在矛盾之中的，想勇敢地往前走，却总是被现实捆住了手脚；想接受日光的沐浴，却害怕被晒伤了肌肤；想不管不顾地出去闯一闯，却总是担心故乡的亲人，害怕如若有事发生，身在异乡的自己鞭长莫及。

而我们的诗人，在过往里，总是生活在仕和隐的矛盾中，无法做到真正的从容。他既留恋尘世的繁华，不断地回忆起那蟾宫折桂的锦绣时光，渴望自己成为名垂青史的人物；可是，他同样流连山水，总是在钩心斗角的官场中，回忆起山川秀美的风景，想要像那些深居山林的隐士一般，沉浸于一人的悲欢中，静静修炼。

说穿了，这是一场文士信仰和个人欢喜的战争。古代的文士，总是希望自己能够扬名立万，光耀门楣，封妻荫子。连他们的妻子，都希望他们能够取得功名，于是不断地劝说他们考科举。连明理如同薛宝钗，都日日劝说宝玉考科举，悔教夫婿觅封侯，那又是后话了。到底没有不希望自己建功立业的读书人。他们读书，本来就带了某种功利性，专心吟诗作画的读书人极少，除非是真正的隐士，或是像孟浩然那样，求官无望，进而真正隐居的人。这样的人，作出来的诗，都格外宁静专注，因为他们心无旁骛，不需要考虑太多的俗世纠纷。而像张九龄、张说这类高官文人作出来的诗，就蕴含了太多东西，连李太白都雄心勃勃，在诗中说"人生得意须尽欢，莫使金樽空对月"。

分明是身在浑浊幽深的官场，却能够作出清澈到极致的诗。分明是身处红尘纠缠的人，却能够拥有一颗宁静淡远的心，不曾被名利诱惑，不曾为红尘耽搁。他是一心一意的人，像这样的诗人，似乎更值得我们珍惜，宠爱，为之深深沉溺。他将诗意和禅意融合成一道完美月光，倾泻在青史之上，照亮了无数人曾幽暗的心底。他学会了用诗安慰自己的灵魂，学会了从禅意中提炼自己最需要的东西，那就是忍——古来成大事者，谁不知道忍字头上一把刀？勾践忍了夫差十几年，终于忍得对方放松了戒备，使他倾覆了一个曾经那么强盛的国家；韩信也忍过胯下之辱；伍子胥也曾躲在草间求活。

忍辱负重，那些人，那些事，在王维的认知中，格外清晰。

唯一不同的是，他只有一腔的理想，没有满心的仇恨。他是一个不适合生活在恨意中的人，他曾恨过的世情，早已消弭在禅意的清远里。他懂得，等待是每个人都必须经历的旅程，只有顺利走完了这段旅程，人们才能获得走向前方的资格。而他的等待，并没有白费。开元二十五年的夏天，夏蝉在树上聒噪得很激烈，每一天都是晴空万里，艳阳高照。街角的行人匆匆走过，时不时伸手抹去额角不断渗出的汗水，小巷里开始有人叫卖凉糕。可是这样炎热的天气，人们只愿意躲在家中的树荫下，小贩的叫卖声，也渐渐低微下去。

那一个夏天，做着右拾遗的王维，迎来了自己的另一个转折。因为在李林甫眼中，王维是和张九龄同一战线的，借着宣慰河西军队的名义，他将王维发配出长安，转而到凉州做官。这是他的心计，却是王维的幸运。长安的天空，之于王维，已经不像他曾觉得的那样清朗明媚，他珍爱的朋友、老师、亲人，都已经一个个离开了长安，零落在四方，他也不用这样执着地待在这个在他心中已渐渐荒凉的城市。

凉州，并没有什么不好。那其实是一个比长安还繁华的城市，是丝绸之路的枢纽，是河西走廊东部的一个重要城市。它的北方，是一片看不到尽头的沙漠；南方是绵长青翠的祁连山，一直延展到天的尽头；而东部，又是如同江南鱼米之乡的河套地区。东来西往的商旅骑着骆驼，在这里补给，落脚，休憩，来来往往的人们在这里进行商贸交易，于是也带来了各自的风俗与文化。东西方，在这里得到了交融，于是，这座城市成为了浩瀚的唐朝版图中，最特别的一个城市，如同西方疆土上的一颗明珠。

都说"凉州七里十万家"，在唐朝，十万户人口的城市，是如同我们现今上海、深圳一样的大城市，因而，凉州也就理所当然地成为了河西地区的都会城市。对于王维而言，这些都并不重要，重要的是这个城市因为东西融汇，而独具的风情。胡旋舞，银珠灯，走马观花地行走在集市上，细细地感受那一番生机勃勃的域外风姿，这是王维的幸运，也是我们的幸运。还没有来到凉州之前，王维就在路途上感受到了与中原文化截然不同的风情，塞外的风景，落日长河，已经令他沉静的心，微微跳跃起来。

> 单车欲问边，属国过居延。
>
> 征蓬出汉塞，归雁入胡天。
>
> 大漠孤烟直，长河落日圆。
>
> 萧关逢候骑，都护在燕然。
>
> ——王维《使至塞上》

后来在曹雪芹的《红楼梦》中，曾有这样一段，香菱学诗，黛玉教她去读摩诘的诗。香菱读完后同黛玉说，她觉得"大漠孤烟直，长河落日圆"这两句，明明"直"和"圆"，用得仿佛一点道理都没有，可偏偏一读完这两句，闭上眼睛却仿佛能看到这大漠戈壁的绝美风景，而仔细想了许久，也无法找到能够取代这两个字的字。

名诗之所以能够千古流传，并不是因为它出自谁的手，也不是因为它描写了什么，往往是因为其中那一两个词，用得那样妙，妙到天衣无缝，令人叫绝。王维这两句诗，妙不能言，让人们仿佛看到茫茫无际的大漠上，在天地一线的远处，冉冉飘起了孤烟，冲散了人们的离愁，而从绿洲中缓缓流淌的长河，映衬着即将落下地平线的残阳，格外悲壮美丽。就在这时候，有驼铃声从遥远的地方缓缓飘来，伴着温润得如同能掐出水的歌声，如梦又如幻象。

这种壮美到极致的风景，在王维的想象里，已经出现了很多次。仿佛是在很久很久以前，自己依旧年少轻狂，青春飞扬，而知交的好友还在身边，几人一同仗剑行走，深夜在洛阳城里借酒高歌，放荡不羁，旁人纷纷侧目。他就想，如若现在不是在洛阳城，而是在荒远的塞外，天地高阔，他们几人坐在高远的天幕下，望着流光飞舞的星辰，不知是怎样的快意。或许，在那时，他就已经勾勒过塞外的模样，从旁人诉述的口中，从书上记载的文字中。

可是，没有一次想象，能够比现在这样目睹更加真实，更加冲击他的整片脑海。再也没有什么地方，能够比这里更加壮丽动人，这就像是九天之上奔涌出的仙泉冲刷出的海市蜃楼；像星河落尽之后，风沙石砾，都是那样粗粝，那样坚强。这种风景与精神，深深震撼了诗人，他再也无法控制自己挥毫的冲动，在高高的马背上，就吟出了这首流传千年的诗歌。这是金戈铁马，是黑云压城，亦是孤云万里的雄壮与气概。

在完成使命之后，王维并没有回到长安城，而是在凉州城留了下来，成为了这里节度使崔希逸的"判官"，也就是他的助手。他像是在突然之间，深深地爱上了这座城市，被这里的人物风情，迷住了神魂。而这位来自山水之间的诗人，像是一道纯澈的清泉，给这座粗粝而迷人的城市，带来了另外一道美丽的风景，那风景是一种纯净和温情。

边塞的生活，是十分难得的。唐朝几乎每位诗人都写过边塞诗，王维在没有出塞之前也喜欢写边塞诗。那些诗，虽然也是极好的，却总是少了一种神髓，宛如一个人血肉丰满，却没有骨架的支撑。到了塞外之后，王维真正体会到了这里的灵魂，自此之后，他写的边塞诗，不再是闭门造车，不再是凭空想象，终于有了自己的魂魄。从前，他的文字是风流的，温雅的，俊秀出众，美得像是一个幻梦的，而此时，他的诗更染上了几分壮烈的烟火气，变得铿锵，凛然，铮铮有声。

闲暇时分，他也时常离开军营府邸，深入民间去寻找寻常的欢喜。这是他特有的喜好。在济州时，他也曾布衣简行，直至月明星稀时分，才寒重露深地归来。他将这个喜好保留了下来，让那些年天涯流浪的时光，更充实起来。到了凉州，他也时常去看民间祈神。他本来就对民风民俗十分感兴趣，于是兴致来时，时常流连忘返。

尘自生

天路来兮双黄鹄，云上飞兮水上宿，抚翼和鸣整羽族。

不得已，忽分飞，家在玉京朝紫微，主人临水送将归。

悲箛嗉唉垂舞衣，宾欲散兮复相依。

几往返兮极浦，尚裴回兮落晖。

岸上火兮相迎，将夜入兮边城。

鞍马归兮佳人散，怅离忧兮独含情。

——王维《双黄鹄歌送别》

因为王维的诗，我们时常忽略了他其实也是一位文赋大家。他是琴棋书画样样皆通的全才，诗写得好，画画得好，文章也写得酣畅淋漓，华美飘逸。他的文章，有汉赋的大气和明艳，更有楚辞的飘逸秀雅，不像他的诗那样清静无为，却自有迷人之处。大家闺秀有她的风度，而小家碧玉也有她的娇俏。这篇《双黄鹄歌送别》，写于他在凉州的时候，实际上，这是一篇思念家乡的作品。

人在外，特别是在遥远的异乡，总会有水土不服的时候，毕竟不是土生土长的当地人，适应凉州的气候和饮食，未尝不是艰难的事。刚开始，还有浓厚的兴趣支撑着自己去尝试，可是在兴趣期过后，微微的倦怠自然就来了。这时候，他想起了远在长安的家，老迈的母亲和各自成家的弟妹，不知道家中的弟妹们，有没有照顾好母亲大人，也不知道他们有没有想念这个远在他乡的兄长。而母亲，是不是时常念叨起自己这远行的不孝子，时常记得他爱吃的菜肴，惦念他是不是穿好吃好睡好。

离开家乡久了，总会时常惦记。经历了边塞风情的王维，开始思念家乡，他想要回去，然而官职在身，并不是他想要离开就可以离开的。机会就是来得这样巧妙，不久之后，开元二十六年，就在王维出使塞外的一年之后，李林甫发现了河西地区的富饶，于是兼任了河西节度使，而原来的节度使崔希逸，则被改任为河南尹，王维跟着上司，从凉州折返，回到长安。可是，以这种方式归来，并不是他所愿的，何况在回京之后不久，上司兼好友崔希逸就积郁成疾，郁郁而终了，为此，王维更加怅然了。

在长安的月下，他回忆起刚刚出使塞外时的情景，以及同崔希逸初遇的时节。他的上司，同样笃信佛教，甚至还让最心爱的女儿出了家。两人都是十分爱佛的人，这样两个人共事，自然觉得事事畅快，有知音之情，知己之谊。崔希逸骤然之间的离世，让王维重新感受到了世事的无常和命运的诡谲。这一生，他才过了一半，可是他已经尝过了太多悲欢离合的滋味，他不断地失去什么，又不断地拥有什么，然后又重新失去了。他悲愤过，痛恨过，伤心过，无奈过，可是这一切，在强大的命运面前，软弱得不堪一击。

因为害怕自己堕入红尘，于是干脆不要步入红尘；因为担忧自己会受伤害，所以干脆不再付出感情；因为害怕最终还是失去，所以宁愿从一开始就不要得到。太多的患得患失，阻碍了感情的丰沛，也阻碍了人生的圆满。我们总是要不断地尝试，才会不断地得到，而不是因为害怕失去，就束缚了自己的手脚，连一个尝试的机会都不肯给自己。

最终，凡事都是会同自己告别的。王维并不是不明白这个道理，可是他依旧会勇敢地去承受，去爱，去恨，去相信，去经历，在人生的道路上，他付出了真心，也得到了真心的回报。即使最终，所有的一切都注定要失去，他也一如既往地真心真意地为所有送行。诚然，他总是在失去，可是这些失去，令他成为了一个更加成熟的男子，同样令他的人格内涵，更加丰富完善。他相信，既然有寒风凛冽，就必然会有春暖花开。

因为他是完美的，是圆满的，所以他才能写出那样好的诗，那样好的文章。大多数人，在说到王维时，总执着地专注于他的山水诗，仿佛他除了山水诗，就没有别的可以拿得出手的作品。实际上却不然，写得一手好诗的作家通常写得一手好文章，他们都是各体皆通的全才。而摩诘山水田园诗写得好，边塞诗也写得十分出众，如果只是瞩目于他的山水诗，未免就有些得不偿失了。王维这一生，一共写了几十首边塞诗，可以说每一首都是精品，而与之相比，一直被称为边塞诗人的李颀却只有六首边塞诗流传，这样看来，王维似乎更有资格被称为边塞诗人，然而，摩诘是一个全面发展的诗人，人们更愿意将他称为山水诗人。

一般来说，摩诘的边塞诗可以被分为三类：一类是当年青春年少，不曾去过边塞时的想象作品，用历史上的故事或传说来抒发自己的志向，毕竟建功立业，名垂千古，一直都是古人所追求的；一类是在边疆生活之后，根据实际的生活创作出来的作品，这类作品就有理有据，格外充实；一类是在经验的基础上加上合理的想象，这样写出来的作品，不但真实，而且有种飞扬的韵味。可是不论是哪种类型的边塞诗，都是唐人边塞诗中的佳作。

曾几何时，盛传着这样一个充满传奇色彩的故事。据说，在开元年间，有三位以写边塞诗而闻名天下的大诗人在一个白雪纷飞的冬日，相遇在一座旗亭之中，三人碰巧相见，亦是无限欢喜，于是温了酒，点了唱，诗酒为伴，不胜逍遥。诗人总归风雅，于是酒过三巡之后，所谓的"诗家天子"王昌龄就说："咱们三人不妨来个游戏，比比谁的诗是最有名的。"高适微笑道："如何比法？"王昌龄答道："反正外面的歌女不知道咱们的身份，不如就以歌女唱的曲为准，谁的诗被唱得最多，谁就胜出。"

第一曲，唱的是"寒雨连江夜入吴"，这是王昌龄的诗，他听完，面带得意之色，在自己的名字下画了一笔。第二首，唱的是"开箧泪沾臆"，这是高适的诗。第三首，是王昌龄的"奉帚平明金殿开"，如此下来，除了王之涣，另外两人都有得分。于是王之涣不免焦急，望了望外头，忽然说道："你们瞧，接下来要唱的那位歌女，我看她长得最漂亮，也最有书卷气，她一定会唱我的诗。"王昌龄笑道："若不是呢？"王之涣便说："若不是，那就算我输了。"誓言一立，便铿锵有声。三人屏息静气，听着歌女缓缓开口，"黄河远上白云间，一片孤城万仞山"，果然是王之涣的诗。

这个故事，被后人称为"旗亭赌唱"，其实古人流传下来的典故，也未必真实可信。三位大诗人诚然风雅，歌女们唱的却未必都是他们的诗。毕竟盛唐出名的诗人太多，那是一个全民作诗的年代，就连青楼里的名妓，都会写上那么一两句，还能被收录进《全唐诗》里。说不定，如果王维参加他们的游戏，胜出者就可能是他了。可是后人们编排故事总是没有道理，他们似乎觉得，像王维这样的人，就必然清心寡欲，决不会执着于功名利禄，不会执着于这些虚名，所以摩诘流传下来的故事，大多数是十分风雅清幽的。

且不说他的山水诗，他的边塞诗，就已经达到了一个美不胜收的境界。在很久之前，他就写过《从军行》《少年行》这样的作品。

> 吹角动行人，喧喧行人起。
>
> 笳悲马嘶乱，争渡金河水。
>
> 日暮沙漠陲，战声烟尘里。
>
> 尽系名王颈，归来献天子。
>
> ——王维《从军行》

那时的少年，血液里还流淌着沸腾的热血，渴望着上阵杀敌，建立赫赫的军功，归来时马蹄得意，春风萧萧。满街的行人里，有美丽的姑娘面带红晕，娇羞地望着自己，而那些年轻的小伙子，眼神里满满的都是说不尽的仰慕和钦佩。至于那些腐朽却正直的老学究，他们会夸赞：看不出来这样清瘦的年轻人，居然能立下这么大的功劳啊，果然是长江后浪推前浪，一代新人换旧人。一定会有一个暖意融融的春日，整座长安城，整个大唐，都会为自己这个名字而欢喜。

写下这首诗时，他不过十九岁，还年轻，还骄傲，还有所有青春者的通病——仿佛整个世界，都被他们踩在脚下，有种唾手可得的轻狂。轻狂，是所有年轻人的资格，一旦岁月迟暮，他们就不得不抽身而退，心渐渐沉淀，骄傲的双眸里，也渐渐染上沧桑的色彩。翻开人生的某一页，我们会发现，原来那些曾令我们激动得无法自已的时刻，已经那样遥远，本来以为触手可及的昨日，其实是我们永远无法回去的时光，而每一个第二天，都是我们剩余生命里的第一天。日复一日，年复一年，我们就在残忍的时光里渐渐老去，白了头，憔悴了容颜，伤了往事，最后的我们，仿佛只能拥抱那些我们曾骄傲执着过的记忆碎片。

我们不需要刻意去做些什么，而那些记忆，已经落满尘埃。不知道王维在翻阅自己以往的诗篇时，会是怎样的心境，是酸涩？是痛苦？是怅然？还是久久无法回神？

写下诗篇时的自己，确实是自己，可又已经不是此刻渐渐双鬓染霜的自己。他在长安的月下，忆起当年"沙平连白雪，蓬卷入黄云"，忆起"阴风悲枯桑，古塞多飞蓬"，那些壮烈的时刻，那些潇洒痴狂的人生，都是曾经的自己，却不再是此刻的自己。

清风吹过重山，飞鸟越过层云，没有走到人生的尽头，我们不会知道等待我们的究竟是什么，而我们究竟会剩下什么。

第四章

一生清风酬知己

闻旧人

万家灯火，十里长街。每一座城市，或许都有一座可以遥望夜晚景色的山，而在我那个许久不曾回去的家乡，也有一座不算高，却足够阅尽夜景的小山。每次登上这座山，在平台上遥遥地望着那些温暖的灯火，总觉得那些微微的光芒，是那样的触手可及，仿佛只要我伸出手指，它们就会触到我的指尖。其实这跟"手可摘星辰"一样，只不过是一种美好的想象。可是，那些灯火，实在是太温暖。或许，每一盏灯下，都有一个温柔的妻子，在等待晚归的丈夫；都有一个乖巧可爱的孩子，在等着妈妈过来给自己讲故事，可能是《小白兔与大灰狼》，也可能是《白雪公主》。每一盏灯下，都有一段人生，一个故事。

谁把谁带进了自己的故事中，谁最后又离开了谁的故事，不带走一片云彩。人生就是这样，用悲欢离合堆砌起来，最后有的轰然倾塌，有的却巍然屹立，如同直入云霄的白塔。王维离开凉州，离开那座给他一段放肆潇洒生活的凉州，踏上了回长安的路途。我不知道，他有没有掀开帘，远远地眺望此生再也无法重聚的风景，那是一声声清脆的驼铃声，那是黄沙上一行行旅人留下的脚印，也是胡杨树迎着大漠粗粝的风，永远都骄傲地高高挺立。我也不知道，他是否坐在高高的白马上，念着虔诚信仰的佛，祈求他慈悲，保佑他们一行人平安回到长安城，平安地度过之后所有风雨。

没有史书记载，他是在什么时候回到长安的。这个消息，是我们在他《送岐州源长史归》这首诗中，寻觅到的踪迹。我们该庆幸，他留下的笔墨是最真实的，白纸黑字，不容辩驳，不需要我们从浩瀚的书海或者点滴的遗址中，寻觅历史的真相。而这首诗，注定就是一首悲凉的诗，题目下面的小注就这样悲凉凄冷地告诉我们——同在崔常侍幕中，时常侍已殁，意思是说我和这位名叫"源"的朋友，曾经一起在崔希逸的帐下共过事，可是现在我们依旧活在人间，崔希逸先生，却已经离开了人世。

一直以为，人间最残忍的事情，就是生死相隔。不是谁都能够拥有生死相随的勇气的，也不是谁都可以无畏无惧地忍受孤身的悲凉与凄苦，一直到黑白无常来带走自己的。即使每个人都是一座孤独的岛屿，可是谁能忍受，一座岛屿上光秃秃的什么都没有。无论如何，也应该有礁石和飞鸟的影子。那首诗，如同题目下的注释一般，注定就是一首悲凉的诗：

> 握手一相送，心悲安可论。
>
> 秋风正萧索，客散孟尝门。
>
> 故驿通槐里，长亭下檝原。
>
> 征西旧旌节，从此向河源。
>
> ——王维《送岐州源长史归》

送走的是谁，归来的又是谁？他的一生，似乎送走了很多很多人，却没有迎来过一次归来。仿佛摩诘，天生就是一个只适合离别，不适合重逢的人，这种认知，令他十分沮丧。可是再怎么悲伤，又如何抗拒命运的安排？他只能一次又一次地，送别在他生命中，昙花一现一般，深刻而又短暂的人们。"秋风正萧索，客散孟尝门"。孟尝君，那是战国四公子之一，素来礼贤下士，有门客三千。他曾被秦王扣押在秦国，面临险境时，是他的门客用尽本领，将他救了出来，从此就流传开了"鸡鸣狗盗"这个典故。王维在这里，用孟尝君这个典故，意在言明崔希逸对他的意义，那并不是一般的上司，而是一位有着朋友之谊，伯乐之故的恩人啊。

只能说，生命太无常。我们从奈何桥上走过，经历这一轮如同夏花一般灿烂的生，等待我们的，却不只是纷繁的景致，温柔的呵护，还有残酷的离别和深重如海的打击。有些人，会在似乎生死不灭的打击中，渐渐地沉沦下去，一蹶不振。他们只记得笑容的甜美，却不懂得眼泪背后的深意，他们只知道花的芬芳，却不知道盛开背后的艰难。他们无法承受命运的筛选，无法通过生命的考验，于是只能被上天如同丢弃敝屣一样丢弃在道路两边。

生命的意义，不是让我们沉溺在温柔乡中，走过一生一世的时光，我们必须要学会承受，学会面对疼痛，学会顺从每一次突如其来的考验。

开元二十六年的六月，那样温暖到炎热的季节，长安的花又一次开得如火如荼，他缓缓地行走在繁华的街道上。这座城市，带给他太多的悲伤，他却偏偏，永远都无法舍弃它。若说有孽缘，或许，这就是一场深入骨髓的孽缘。崔希逸的逝去，带给王维的，是深痛的怅然。为什么，所有他珍爱着的人，最后都要离他而去？他接到了消息，据说萧炅将会接任崔希逸的官职。王维向来不喜此人，他毕竟是个文人，有着文人的气节。所谓文人的骨气，就是虽然手不能提，肩不能扛，可是在他们身上，却偏偏有着最不屈不挠的坚贞，认定了什么，就永远不会改变。可以说，这是一份固执，然而，就是这样的固执，感动了多少后世的人。

曾有南宋末年的文天祥"人生自古谁无死，留取丹心照汗青"，也曾有戊戌六君子之中的谭嗣同"我自横刀向天笑，去留肝胆两昆仑"。他们都是手无缚鸡之力的文人，却在青史上，永恒地留下了他们的名字。或许，也会有人说，他们是笨，是傻，放弃了一世荣华，放弃了高官厚禄。生命是多么可贵的东西，一生一次，怎么可以就这样白白浪费。可是，生命虽然那样可贵，他们之所以那样值得我们佩服，正是因为他们用这份痴傻，守着自己的底线，永远都不会后退分毫。他们中，有谁不知道，自己如若松了口，就能拥有许多人一生也得不到的东西，可是就在那一瞬间，他们就成了变节之人，从此，不管他们留下多么美好的篇章，史书上记载的，也永远都只是一个变节者。

我想，明末的洪承畴，亦是才华横溢，亦是心身两清明，亦是造福了一方天下，然而，人们对他背叛明朝，成为清朝重臣的事，总是耿耿于怀，记忆深刻。那就是一个苍白却永远都无法抹杀的污点，至死，都不能消灭。王维，也有着这种刚正不阿的气节，所以，他自认是崔希逸的知交故旧，又怎么可能会成为一个从来都没有喜欢过的人的下属。幸好，回到长安之后，王维升迁为殿中侍御史，可此时，他的心，已经远远离开了这片他曾满心期待过的地方。或许，崔希逸的逝去，不过是一个导火线，却牵引出了他多年的积郁。他的心，已经沉浸在深爱的山水之中，追寻着做了一辈子的桃源梦，隐遁在最深处。

可是命运，并没有停止对他的伤害。仿佛，看着他悲伤流泪，命运会觉得快活无比。尽管他已经使心，远离了红尘花月，远离了锦绣繁华，也远离了所有的功名利禄，他只想要在自己的小小天地里，安静地度过余生，不问爱恨情仇，不问悲欢离合。可是这个梦，终究是梦，永远都不能成为现实。

开元二十七年，五月，春深，暮色晚，倦鸟，终于疲惫地停落在春山的枝头。身在禅中的王维，听闻了一个惊天的噩耗。他的授业恩师，道光禅师，在一个寂静清冷的夜里，无声无息地往生了。道光禅师早年时，是一位苦行僧，在山林中静静地顿悟佛理的真谛，后来成为了德高望重的得道高僧。王维曾自言，在他的座下受教十年，可以说，道光禅师，是将他领进佛门的第一人。每次他悲伤失意，他总会想起这位胸襟豁达的师父，拜会他之后，他苦闷不安的心，就会慢慢平复。可最终，他还是失去了这位恩师。

谁都不曾料到，这只是一个开始。山下的桃花，虽然已经残败，落红也遗落了满地，可是山寺里的桃花，刚刚盛开，时年，春水潺潺，如梦如幻。我们的诗人，还没有从失去好友和恩师的双重打击中恢复过来，就接连听闻了两个噩耗——开元二十八年的五月初七，张九龄在韶州患病亡故，同年，孟浩然也旧病复发逝去。

如果说前面两个打击，王维都能够坚强地面对，最后安静地走出来，后面两个噩耗，初听闻，就令他骇然失色。他所失去的，并不只是两位普通的朋友啊！张九龄，那位以文章治天下的丞相，对他有知遇之恩，伯乐之故，如果没有他，也就没有此时的自己。他们是上下级，可在文学上，却是知音旧故。而孟浩然，更是他一生的朋友。

朋友这个词，在我们的心中，仿佛是那样轻而易举。人生在世，谁会没有朋友呢，走到哪里，就可以交上哪里的朋友。可是朋友，终归有萍水之交和白头故交的分别。有一些朋友，不过是匆匆相聚，又匆匆告别，多年后重逢，或许连彼此都不曾有所记忆，或许记得，可不过淡淡两三句寒暄，就再度匆匆告别，缘分，就到此为止。而真正深入心灵的朋友，是知己，纵使相隔天涯两端，也会在彼此的心里留下一个位置，这个位置，不是时光和零碎事情可以冲淡消弭的。

显然，王维和孟浩然的相交，就是属于后者。虽然古代的交通十分不便利，纵使飞鸽传书，纵使车马疾驰，一年也不知能互通上几封书信，更不用说相见了。就是在这样点滴的笔墨里，他们的感情却日益深厚，孟浩然年长王维许多，可二人之间，却没有任何的隔阂。不得不说，缘分就是如此奇妙的东西，有些人，注定白首如新，有些人，永远倾盖如故。

李白和孟浩然也是至交好友，孟浩然和王维，更是多年的知己，可李白和王维，在可以寻觅得到的记载里，无法读到他们相交的一丝痕迹。说来也微妙，明明都是盛唐十分出名的大诗人，明明都曾风流惊艳过长安城，二人之间，却从未有过交集。我们只能感叹命运的神奇，周瑜之外，总是会有一个诸葛孔明。孟浩然在王维心中，是十分重要的，可以说，他的逝去，给王维带来了极其深重的打击。

青雀间

故人不可见，汉水日东流。

借问襄阳老，江山空蔡州。

——王维《哭孟浩然》

在故人离开两年后，王维因为皇命，南下到襄阳，那是孟浩然的故乡，他的遗骨，也埋葬在这座山城里。来到好友的故乡，原本是件逍遥快活的事情，可是对于王维来说，却是那样悲伤。这里的一草一木，一山一水，都令他不断地回忆起多年前，他雪衣白帽，策马从雪中潇洒而来，身姿清绝，面目如故，带给他重逢的欢喜和激情。他曾在心底发过誓，此生一定要去一次他的故乡，去感受自己当年那份激动。他完成了誓言，却没有人出城，遥遥地等候他的来临，同他把酒言欢，不醉不归。

醉笑痛饮三万场，不知今夕何夕。那样的狂放欢喜，如同飓风而来，席卷所有人的身心，占据所有人的灵魂，可以不知前尘，不问生死，不度红尘。这份欢愉，只有知己知彼的好友，才能与他共享。今夕，他来了，带着过往的承诺，带着多年的问候。可是迎接他的，只有孤寂的山月，清清冷冷地望着他，只有那座冰冷的墓碑，告诉他，他确实曾有这样一位好友，生在此地，活在此地，最后葬在此地。他的一生，就此终结，在这里画上句号。

其实摩诘，是割舍不掉凡尘的情的。每一段感情，每一丝情意，他都用尽了他的心，他的深情，最是无情是深情，摩诘，就是这样的人。落花满山，春风不归，不经意间，他被留在了尘世的最深处，孤独地承受一个人的落寞，祭奠拥有过的曾经。或许，因为用情太深，他始终无法走进最清冷的禅意，那是需要割舍七情六欲的，用一副纯粹的灵魂去侍奉佛前的优昙花。可他不能，他只能借着佛理，按捺住满怀的悲欢，让自己渐渐地走进平静的幻梦。

花开花落两凡尘，其实孟浩然的死，原本是可以避免的。那年，被贬谪岭南的王昌龄得到赦令，得以北归，在途中，他经过了襄阳，同孟浩然重逢，两人畅饮了一夜。孟浩然旧疾复发，本来应该静心休养，戒酒戒腥，可一夜畅饮，什么戒律都被遗忘在脑后。不久之后，他就魂归黄泉。如果没有这次的痛饮，或许，他能够等到王维到来的时刻，毕竟不过两年，匆匆一瞬，转眼就过去了。

借问襄阳老，江山空蔡州。摩诘是那样沉痛悲凉地在襄阳的山水间，吟下了这两句怅惘至极的诗。雾气蒙蒙的空山里，开始落下绵绵的细雨，温润且寒，是不是有谁的魂魄归来，听闻了这首诗，也觉得悲伤到极致，怅然到极致，不经意间，就为之流泪了？年轻时，我们都太轻狂，太从容，甚至不曾好好珍惜这无法重来的时光。我们肆意地挥霍着年少的青葱，很难体味一个人忽然离去，给自己带来的悲伤。这个世界，本来是你我一同呼吸的世界，这个人生，也本来有过一起行走的痕迹，一夕之间，这些曾经，仿佛都烟消云散了。

王维是想要在这座城市多停留一些时日的，毕竟，这是孟浩然成长并且走到尽头的城市，他想要感受好友对于这座城市的每一丝记忆。可是，他到底是有皇命在身的人，不是自由自在的布衣之身，无法从容自由地操纵自己的人生。南选，这是唐代独有的一种选官方式，朝廷委派官员前往南方，岭南或是黔中等地，挑选政绩优异的官员。王维一行人，行经襄阳，走水路到郢州，再经过夏口，最终抵达岭南桂州。还没等他同孟浩然好好告别，官船已扬帆起航，顺着流水一路向南，开始了最新的行程。他不得不离去了。

山花水流，从山城中流下的江河，水流一向十分湍急。船上的日子，安宁而清静，王维坐在船舱里，只觉得"两岸猿声啼不住，轻舟已过万重山"。时间只是过得太快，看着流水东去，仿佛当真是时光，从船头流到船尾，最终隐没于两岸的幽山密林里。很快，郢州就到了，王维一行上了岸，此地的刺史已经给他们准备好了客房，却在迎接时，提出了一个要求，他希望王维能够给此地画一幅孟浩然的画像，留在这里的一座亭子里。对于这个要求，王维自然是欣然允之，他还未曾从失去好友的伤怀中完全走出来，能够用这样一种方式，让一些人记住孟浩然，他求之不得。

实际上，孟浩然在人才济济，尤其是诗人济济的唐朝，算不得第一流的诗人，可是他在那时人们的心中，却是德高望重，连狂傲至极的李太白都曾称赞说：吾爱孟夫子，风流天下闻。后来又同别人说孟浩然是：高山安可仰，徒此揖清芬。能够得到李青莲这种高度的评价，足可见孟浩然的为人，诚然是极好的。据说，孟浩然是一位"救患释纷，以立义表，灌蔬艺竹，以全高尚"的人，也只有这样的人，才能同时让李白和王维都赞不绝口，对他的死始终念念不忘，感到可惜。

王维给郢州刺史画了孟浩然的画像，他凭着记忆，将老友的面容再现于纸上，却不忍心，让自己再多看一眼。对于旧伤未愈的摩诘而言，这是一种忏悔，忏悔自己未能早日去探望好友，也是一种折磨，更是一种解脱。在丹青画尽，笔墨落下的一刹那，他就拥有了走出阴霾，拥有晴天的资格。后来，这座亭子，就被称为"浩然亭"，晚唐时又改成了"孟亭"。这座小亭，坐落在白雪楼房之间，汉江在这里脉脉流过，无数孤帆成了远影，无数爱恨成了江水，无声地流淌。这些之于王维而言的后事，在我们眼里，终究也成了旧事。

在郢州，也不能久留，很快，王维又起程，踏上了前往夏口的道路。夏口，是今日的武汉，在这个"九省通衢"之地，他没有停留，而是溯江而上，一路来到了岭南的桂州，亦是今日广西的桂林。都说桂林山水甲天下，这里的美景，美得令人叫绝。漓江山水清幽如画，相信摩诘也曾技痒，在清浅的江畔，画下了美丽的风景。只是臆测终归是臆测，就算真的曾经落墨，也已经遗失在岁月的尘埃里。

在桂州，他最终完成了他的使命。等他离开桂州，回到长安，又是一年春去秋来，时光跟着行船流走，他也从三十多岁的男子，成为了四十余岁的官员。当然，四十多岁，在我们眼中，绝不算老，可是孔子却已经说，四十而不惑。当时的王维，显然已经算得上成熟，在朝廷中，也算混了个眼熟，人人都知道，朝中还有这么一位叫作王维的官员。资历的积累加上任务的圆满完成，回到长安之后，他很快被提升为从七品上的左补阙。这个官职看着并不大，却是手中有实权的官位，连李林甫都时常带着他出入各种宴会。于是在这段时期，王维写下了很多违心的应制诗，这并不是他的本意，却是无可奈何。

他已经不是当年冲动热血的青春少年，看到奢靡如梦的繁华锦绣，会惊叹，会感慨，会忍不住被其吸引。多年的汲汲营营，混迹官场，他早已学会如何保持标准微笑，如何将话说得漂亮，三分圆滑，三分清冷，三分不经意，外加一分不引人注意。就像现在的人，工作时总是免不了应酬，再憎恶喝酒，表面上也总要将场子圆过去，王维也难免写写应制诗，讨一个欢喜。他的应制诗，一类是记功记过的诗，一类则是记载神仙祥瑞，歌颂天下太平，政治清明的诗。这些诗，他并不喜欢，却不得不为之，总是无可奈何，得不到真正的自由，从古至今，从男到女，都是如此。

这样的日子，本来是沉闷无趣到极致的，更是将他的诗性、佛性囚禁，幸好这个官职的事务，并不繁忙。闲暇时分，王维时常外出到城郊的山水里，静静地闻着落花的芬芳，嗅着清流的温暖。此时，他的人生，像是一幅精妙的双面绣，一面绣着锦绣辉煌，一面绣着清幽淡柔。陪在他身边的，多数时候是他的弟弟王缙，早年间王缙就已经调任长安，兄弟两人同朝为官，也算得上是一段佳话。除了王缙，陪着他的，还有"旗亭赌唱"的王昌龄。

有一次，几人相约一同到了城外的青龙寺，登上山顶，举目眺望，只觉得目下无尘，满目青翠，芳草萋萋，远山如画，所谓大好河山，当是如此。王昌龄一向是兴致勃勃的人，当下提议几人一同作诗，让王维写序。诗人们终归有着风情秀雅的灵魂，离开长安，来到城郊，也不忘记吟诗作赋。

仿佛在山水里，在诗意里，就可以忘记官场的疲倦，让疲惫的心灵得到一份安宁，让同样疲惫的身体，也找到恢复精力的甘泉。用王维的话来说，就是"眼界今无染，心空安可迷"，今日所看到的，都是美不胜收的风景，干净纯粹，宛如最无瑕的美玉。胸腔之中那颗始终不安的心，此刻总算可以安静下来，享受这一番纯净的迷人。感情，就是在点点滴滴的时光当中，日益积累起来的。几个人同朝为官，平日里又时常一同踏青郊游，写诗作画，欣赏美景。有好酒共饮，有好歌同唱，更是都有"亦官亦隐"的心愿。一旦有了共同的志向或是爱好，感情总是升温得格外自然和迅速。王维一行人，就是如此。

> 绿树重阴盖四邻，青苔日厚自无尘。
> 科头箕踞长松下，白眼看他世上人。
> ——王维《与卢员外象过崔处士兴宗林亭》

这首诗，写在他们几人一同去城外的崔兴宗林亭游玩时。在这首诗里，王维将想要在朝为官同时拥抱山林的愿望表达得淋漓尽致。此前，他也写过一首歌咏青雀的诗歌，在诗歌里，他以青雀自喻，表达了自己的夙愿。古人说话，总喜欢借着诗赋，将思想隐藏在行文之间，其实后人解读起来，又是愉悦，又是痛苦。王维还算清晰，后来的李义山喜欢写朦胧诗，于是后人总是不断猜测，联系他的生平来猜测，可最终依旧是雾里看花，终究无法抵达真意。

天宝三年，王维在经过多年的浮沉之后，终于决意将自己的愿望变成现实，他决定买下宋之问在长安城外的蓝田别墅。他仔细看过这里的山水，觉得这里是最适合自己的地方。如果他这辈子，还能有一个家，那应该就是这里了。可是世事就是这样巧合，就在他即将出手买下时，他被升为侍御史，同时到来的，还有出塞的皇命。未来，是他所看不清楚的宿命，就这样，一点一滴地，逐渐清晰地，缓缓展开在他的眼前。

南阳行

不是所有的旅程都有开始的机会，不是所有的告别都会染上伤感的意味。繁忙人世，多数时候，我们只需要支配好一个人的爱恨情仇就已经足够。烟花在天幕璀璨地绽放，一场场盛大的戏不断开幕，又不断落幕。这一切的一切，都像是一个无限轮回的圆，没有尽头，没有开头。

每个人都生活在这个无限的圆里，循环生死，所以我最爱我们的神话，轮回是那样美好，每个人都有从头开始的机会。上一辈子未能完成的事，就提前预约了来生；上辈子太过疼痛的记忆，走一回奈何桥，喝一碗孟婆汤，就潇洒地再走一遭人世。

虽说神话终归只是神话，人生不会有第二个开始的机会，可是谁说每一天太阳初升时分，不是另一个崭新的开始。我们可以大胆地忘却前尘，毫无顾忌地走向未来的旅途，为往事牵绊纠缠，沉溺不去，那是一场多么悲哀的事情。我们需要回忆，却并不需要用回忆来阻止我们前行的脚步。对于王维而言，往事，终究被时光带走。他再次走出长安的城门，仰望西北碧蓝如洗的天空，前方等待他的是咻咻喷着白气的马儿，还有同行的下属官员们，而身后，则是送行的好友以及亲人。一向都是他看着别人离开，然而这次，他却成为了被送别的那个人。

长亭向晚，芳草如烟，到底也染上了几分沉醉。

天宝四年，我们的诗人已经四十四岁。这个年纪的同僚，已经是子孙满堂，金玉如繁，若是他们因公出差，必然拖家带口，一家人满载满行，在大好山色里享尽天伦之乐。此时的王维，虽然已经被升迁为侍御史，掌管内外纠纷，受制出使，分制台事，能够如他所愿，走遍天涯。跟上次一路向南不同的是，这次出行是一路向北，途经新秦郡和郁林郡。王维坐在马车里，阳光落进车中，勾勒出他的形单影只，这让他感觉更加落寞。

如果那个孩子，那个早慧而可爱的孩子，未离开人世，现在或许已经是一个长身玉立的年轻人了吧，他不免会有些黯然地想，自己和他的母亲，生得都不难看，那个孩子，怎么样也会是一个好看的年轻人。小时候，他就那样聪明，一定勤奋好学，若是他还活着，或许已经中举，或许已经在地方上就任。不，其实他就算愚蠢懒惰，那又如何呢，只要他还活着，就这样平平淡淡地度过一生，又如何呢？如果真能如此，现在的他，就不必孤身前往，不必每一个日夜，都觉得清冷难眠。

可是，一切或许，都只是或许，车马声里，他闭上了双眸，只是暗自祈求佛祖，保佑那个同他缘分浅薄的孩子，如今已经再度转世为人，寻了一处好人家，不必荣华富贵，不必无限宠溺，也不必书香门第，只要平安成人，最后平安终老，如此就好。无人相伴的旅途，他只能望着车外不断流逝的风景，感慨不断老去的年华。他不知道，未来等待着他的，将会是什么。王维此行的目的地，如今是王忠嗣为长官，他任河东节度使，他还兼着朔方节度使。那是一位骁勇大度的名将，王维之前并未有机缘同他相见，此次因为公务，倒是能够见上一见。他从年少开始，就十分希望能够成为一位智勇双全的将军，可惜造化弄人，他最终，也只是成为一位手无缚鸡之力的文官。

确实，王忠嗣是唐朝十分有名的将军，为人忠勇，同时也很有书卷气息，他时常同周遭的人说：吾不欲疲中国之力以徼功名。也就是说，他并不愿意故意去发动战争，在将士死伤的基础上获得军功，获得升迁的机会。从这点来看，他确实是一位体恤下属，有眼光见识的好将军。他以身作则，后来的名将李光弼、哥舒翰都是他一手培养出来的。可是善良的人，总是会遭遇那样坎坷的命运，因为他爱兵如子，所以后来当玄宗要求他领兵占领并不十分重要的石堡城时，为了避免不必要的牺牲，王忠嗣毅然违抗了玄宗的命令。可是帝王，哪里容得有人违抗，加上臭名昭著的"小人丞相"李林甫害怕王忠嗣夺走自己手中的权力，趁机向玄宗诬告王忠嗣有谋逆之心，于是不久之后，王忠嗣就被贬为郡太守。不久，他抱病而亡，终年四十五岁。

此时，所有的悲剧都还没有发生，一切都还风平浪静。大将军安然无恙地镇守边关，而我们的诗人，正向北方靠近。这次出塞，王维是奉着皇命，宣慰王忠嗣再度破突厥，建新郡的功劳，跟上次去崔希逸那里出塞一样。

沙漠的风焦急而粗糙，划过行人们的裸露在外的肌肤，如同情人长满老茧的手，粗粝里，总是带着几分温柔。这样一想，人就不觉得疾风如刀。在无边无际的大漠里行走，走不到天的尽头，也看不到绿洲，疲惫至极的行人们，总需要有一些温柔旖旎的幻想，来装扮这仿佛无尽的旅途。

这已经不是第一次来到塞外，王维已经习惯了这里风沙的狂野，也习惯了格外明亮的月亮。失去了新奇感的沙漠，令他感到格外的孤寂。夜晚的星空下，沙漠显得特别的辽阔，他的影子被月色拉得很长很长，清瘦冷淡，孑然一身。不知道走了多久，也不知道走了多远，他们才穿越重重沙漠，来到塞外的新秦郡。看久了漠漠的黄沙，突然在眼帘中，映入了新鲜活泼的翠绿，人们的心情，不由得雀跃起来——总算是走到头了。

> 青青山上松，数里不见今更逢。
> 不见君，心相忆，此心向君君应识。

为君颜色高且闲，亭亭迥出浮云间。

——王维《新秦郡松树歌》

王维的诗，大多清质雅绝，极少有这么缠绵悱恻的，纵使只是借着松树的口，却是难得地表达出了一种情深无愧的情意，隐隐有相思之意，几乎喷薄而出。不知道茫茫旅途中的摩诘，忆起了谁。或许是多年前温柔微笑执手相随的结发妻子，或许是曾经寄予了厚望，最终却早夭的孩子，又或许是幽林深山里，曾将自己领进佛门青莲地的禅师，还可能，是那雪夜里策马而来的故交好友。

绿蚁新醅酒，红泥小火炉。晚来天欲雪，能饮一杯无。千里沙漠后的茵茵春色，也未曾让王维感受到一分暖意。

很多时候，我们只是需要一点点温暖而已，只是清晨起来时，餐桌上的一杯牛奶，夜晚加班不能睡觉时的一碗清汤面。我们所要的那样简单，可是，越是简单的东西，就越是难求。我们羡慕别人拥有无限的自由，可以肆无忌惮地去做自己想要做的事情，可是反之，他们却羡慕我们有门禁，有人管着想着惦记着，在深夜归来时还有人执灯守候着。总是免不了，要去羡慕那些自己不曾拥有的东西，却忘记了自己此刻所拥有的珍贵。碌碌的人生，我们总是在错过一些我们渴望的，有时，我们会沮丧难过，可是终究会走出阴霾，迎向晴空，只因为，注定不属于我们的，终究都会错失，一时的拥有，并不代表一生一世的相守。

人生总会有所注定，就像王维，他在来到这个人世之前，就已经注定会成为一个清寂的人，独自守着他的悲伤欢喜，他的空山明月，他的冷暖情意。他的命运，似乎早就被写好，容不得他一丝一毫的更改。青年丧子，继而丧妻，在这场游走里，他仿佛是飘荡无踪的孤魂，恣意行走，心中却依旧有所虔诚。他来到新秦郡，并没有像上次一样，停留下来，像成为崔希逸的下属一样，成为王忠嗣的助手。其实王忠嗣向来对于文人都怀着敬畏之心，如果王维想要留在此地，获取属于自己的一席之地，绝对不是难事。

可是他没有，他明白，这里不属于自己，就像凉州城一样，都不属于自己。有些地方，适合一辈子生活居住，你可以抱怨它哪里都不好，可是偏偏无法离开它长久地远行。这些地方，像故乡一样，深入骨血，镌刻入灵魂深处，随着你的一呼一吸，生死不灭。可是有些地方，你对它有憧憬有理想有感情，觉得它哪里都是那样迷人，带着强大魅惑人心的力量，你向往它追逐它甚至深爱着它，可是最终，你会知道，这不是久留之地。它无法给你一种熟悉的感觉，这种感觉，叫作"家"。

这次出塞，王维没有写下任何激情飞扬的边塞诗。似乎他在边塞诗上的才华，在上一次出塞时，就已经全然告罄。其实，就任侍御史也不是全然无用的，至少在南阳郡这个地方，王维像所有潜心向佛的人一样，留下了属于他的诚心。南阳郡，原名邓州，坐落在今日的河南，洛阳有牡丹，有大佛，这个距离洛阳并不遥远的小城，仿佛是受到了东都的感染，佛理遍传，几乎人人都虔诚地信仰着慈悲的神佛。这座城市的西北面，有个叫作临湍驿的地方，就在这里，王维同两位得道高僧论道数日，不眠不休，最终各自意尽而去。

王维，被后人称为"诗佛"，这并不是没有理由的。"诗佛""诗仙""诗圣"，都不是写过几首好诗，就能够称得上的。这些称号言简意赅，深刻地将他们各自最大的特点都体现出来。既然王维能够被称为"诗佛"，显然，他在佛理上的造诣不浅。

虽然今生，他没有这样的机缘，能够在幽静的寺庙中，静静地翻着经书，淡淡地抿过一口茶，一米阳光滑落，在他破旧的袈衣上，留下了沉着的痕迹。可他是向往这样的生活的，无忧无虑，清心寡欲，像一位最合格的苦行僧那样，享受人间，那与苦难并生的欢喜。这是他的解脱，亦是佛曰的解脱。

莲心静

那场连着开了数日的论道会，主角是王摩诘、神会和尚，还有著名的慧澄禅师，这成为了文学史和佛教史上的一段佳话。世事早有缘，风云变幻的因果际会，其实追根溯源，在多年前就埋下了前因。开元二十二年，在滑台大云寺里，有一场南北宗的辩论会，而神会和尚，就是当年那场辩论会上的风云人物，他有理有据，凛然自持，将反对者辩驳得无地自容。他那种镇定自若，气定神闲的风度，给王维留下了十分深刻的印象。因此，他一直都向往着，能够有一日，向这位道行极深的和尚好好讨教一番。

该来的始终都会来，有时候着急也没有用。时光和机缘，总是不紧不慢，在最合适的时间，出现在你的面前。像晚春的花落，也像深冬的雪飘。摩诘因公差来到南阳，他听闻神会和尚就在此地，他又如何能抗拒心中的强烈愿望，不同这位"师兄"见上一面呢。王维当即向南阳郡太守寇洋提出了这个要求，巧合的是寇太守亦是虔诚的礼佛者，一听完王维的要求，自然是十分高兴，立即派了人手，同王维一起来到了临湍驿。

那是一个宁静清幽的小院落，日光落了一地，温暖而不酷烈，院落里布满了青藤，细细地将灰白的围墙绕过一层又一层。早有人泡了一壶茶，茶，算不上好茶，淡淡的青碧颜色，淡淡的苦涩味道，如同人生中的一些风景，美好背后，总有那么多说不出的苦涩滋味。摩诘在阳光下，静静地等候着对方的来临。这个相见的愿望，在他的心中已经埋藏了十多年，这么漫长的时光，都已经轻而易举地蹉跎而去，他并不急迫，反而悠然安定，看着日光，将自己的影子渐渐拉长，渐渐扭曲，最终落定成等高的距离。他不是一汪清澈的湖水，一块礁石滑落，就会不安定地泛开重重涟漪。他是溪流里的鹅卵石，岁月流转，也只能将它的棱角磨平，却撼不动最深处那颗坚贞的心。

所以，当神会和尚走进此地时，最先看到的，就是一侧那个风轻云淡的男子，虽然穿着如同枷锁的官袍，可是他眉间的神色，眸中的宁静，清朗里透着的淡淡的温雅都使神会惊讶。笔墨书卷禅心佛意，是那样完美地，恰到好处地融合在了一起，铸就了这样一个美玉无瑕一般的男子。他看着王维的同时，王维也一直在注意着他。

如同自己的想象，在尘世里渐渐浮凸而出，那位看上去在六十上下的行者，清绝昂然，虽然不过是那样淡淡地站在一处，却有着如山如海一样深沉幽远的气势，磅礴而大气。面对一方长官，他并没有流露出任何畏惧的神色，从贩夫走卒，到帝王宫妃，在他的眼中，没有贵贱高低，人与人之间，都是平等的，都值得他用温和而一致的态度去对待。

这样的人，果真不枉自己这么多年的期待。他微笑着起身问：大师，请教如何才能修道得解脱？这个问题，困扰他那样长久的时间。像是从远古而来的人，苦苦不倦地追寻人生的意义，他想知道的，却是修道的意义。问天地何寿，问何为悲欢，何为离愁，何为爱，何为恨。天下熙熙，皆为利来；天下攘攘，皆为利往。既然人生最终，都是要走向无尽的沉沦，那么生的意义是什么？潜心修道的意义又是什么？在多少个清寂冷漠的长夜里，他孤身一人，披衣而起，在桂花落、春山空的夜晚，苦苦思索最终的答案，他的人生，是那样坎坷孤独，到底是为什么，非要修道？

院落中的兰花似乎忽然绽放，散发出淡淡优雅的芬芳。夜雨遥山，不远处的深山老寺里，传来沉闷的钟声，惊散了夜晚休憩的飞鸟。此地幽深，他地却繁华。就在不远的东都洛阳，或许这样的深夜，依旧有人彻夜不眠，纸醉金迷，迷恋尘世稀薄的荣华。可是在神会和尚的眼中，那些不过是虚无，人生短暂，追求虚无的人生，是多么苍白可悲，如同阳光下缤纷的气泡，在下一个瞬间，忽然碎裂成纷纷的微小水珠。

神会和尚合掌道：众生本自心净，若更欲起心有修，即是妄心，不可得解脱。不过是淡淡的一句话，王维却醍醐灌顶，幡然醒悟。之前，他只是茫茫旅途中，最普通的，也失去了方向的行者。

生命最开始的那一刻，我们每个人都是无知的，茫然的，也都是干净纯粹的，可是在成长的过程中，逐渐地，像是乱花迷住了人们的眼睛，我们开始看不清世界，看不清人生，也看不清自己原本的真实。追根究底，是因为我们的心，不再纯粹，不再宁静。浮世的华丽，在迷住双眸的同时，也迷住了心，我们开始追逐一些虚无的东西，放弃了原本安静平和的生活，陷入了一场似乎没有尽头的迷惘里。之所以落得这样的结局，只不过是那年那时，忽然之间，就起了妄心。

王维，又何尝不如是呢？原本，他可以有平静的生活，或许没有一世荣华，或许也没有位高权重，可是他能够拥有最坦然宁静的人生，纵使平凡，纵使清苦，那又如何呢？原本的家中，并不是没有几亩良田，也不是没有贤惠温柔的妻子，清晨带锄而出，一日劳作之后踏着余晖疲倦却满足地归来。残破却温暖的小屋里，桌上摆着妻子亲手煲好的汤，简朴却情深意重。没有官场的尔虞我诈，也没有任何违心的话语从口中不得已而出，只有这份淡淡的情意，淡淡的生活，却可以保持着最本真的最初。

可是他的一生，绝大多数时光就这样碌碌地过去了，在他不曾明白醒悟的时候，在他空然地追逐着那些虚名和繁华的时候，那颗明净的心，已经如明珠蒙尘，连自己都不再能看清晰。所以，才需要修行，才需要用漫长的修道，来洗去心上的尘埃，洗净它最初的面容。他以为，在过去的时光里，他已经足够诚心，足够虔诚修行，心如止水，菩提明镜的境界，离自己并不遥远。可是他不知道的是，他一切的以为，在神会和尚这句淡淡的回答前，轰然倒塌，碎成粉末，令他不得不沉思冥想，怎样才能真正入定。

其实神会和尚是南宗的代表，摩诘此前一直都是信奉北宗的。北宗佛教历来信奉"凝心入定，住心看净"的修行，只要静心修道，妄心就不会起。可是南宗不这样以为，南宗所肯定的是"直指人心，见性成佛"，认为努力修道，亦是一种妄心。带着功利目的修道，其实又何尝不是一种妄心呢。落叶成枯，零落成泥，万事万物都在不断地轮回着，南宗的修行，没有任何执着的地方，一直都存在于一个几乎是真空的空白里，无心无念，无爱无恨，无情无仇，天地之大，没有什么能够占据修行时的放空状态。只是，没有执着处的修行，又何尝不是另外一场执着？只要人心安定，又何必在乎究竟是如何修行的。

执念之所以生，何尝不是因为人心不定。这场论道会的意义，似乎神会和尚比王维更加清楚，他深知王维在天下学子和士大夫心目中的地位，南宗和北宗，究竟哪个才是佛门的根本，这个争论多年都不曾有所停止。可若是这场论道会，就此传开，可以说在隐约之间，就给南宗提高了声望——连王维居士都真心佩服的佛道，自然是极好的。因此，在告别之前，神会和尚请求王维帮自己完成一件事情，那就是撰写慧能祖师的碑铭。这在佛法界，显然是一件举足轻重的大事，而神会和尚选择了王维，说明王维亦是十分脱俗，而后来的结果，也证明神会和尚并没有选错人。

　　　无有可舍，是达有源；无空可住，是知空本；离寂非动，乘化用常。

这是王维给慧能祖师撰写的碑铭的开头，劈面而来的，就是十分高深的佛理。尘世间的一切，说穿了，不过都是气泡幻影，因而，又何必执着，何来执着，明明灭灭，手中并不能抓住任何永恒的事物，包括情，包括爱，包括人心。就让一切都随缘而行，不需要强求，也不需要等待，因为人生本来就是一出悲欢离合的戏，属于你的终究是属于你的，谁都无法从你手中抢走，不属于你的，终究会流逝在不经意的回眸瞬间。

或许，这就是命运。当你对某样东西，痴狂眷恋时，上苍会紧紧抓住，不肯给你，甚至分毫都不让步。可久而久之，当你习惯了之后，那曾经疯狂爱过的东西，突然就降临到你的眼前，可实际上，经过时光的洗礼，你已经并不是那么深爱它。而王维曾经梦寐以求的官运亨通，青云直上，就在他尘心安定时，以一种令人哭笑不得，啼笑皆非的方式，逆转而来，可王维，早已领悟了佛心的精髓，对于此事，不喜不惧，不忧不悲。

天宝五年，王维从侍御史升迁为库部员外郎，两年后，他又升为库部郎中。此时，他对于凡事，都已经看透看淡。一方面，他从容地行走在官场之中，对于那些他曾经厌恶憎恨的应制诗，他现在不讨厌不反抗，只是随缘来去。另一方面，他沉溺在清幽的山水里，官职的升迁也有个好处，至少俸禄是增加了，生活也日益精致起来。他并不讨厌清苦的生活，可既然能够过上比较舒适的生活，又何必委屈自己呢？在城郊，他购买了好几个田庄，在那里，他生活得悠闲适意，有时出去踏青写生，再在画上题上一首诗，逍遥得如同身在幻梦。

渭城曲

渭城朝雨浥轻尘，客舍青青柳色新。

劝君更尽一杯酒，西出阳关无故人。

——王维《送元二使安西》

这首诗，我们在很小的时候就耳熟能详，它甚至被编入了小学课本，至今许多孩子开口就能背诵。可是那些天真无邪的孩子，真的能够明白诗背后的含义吗？真的能够体味当年摩诘在写下这首诗时凄楚悲凉的心情吗？真的能够懂得，多情自古伤离别，那离别二字里淡淡的恨意吗？

送别，总是那样感人，亦是那样伤人，虽说我们每天都要送别不同的东西，其中最无奈的，莫过于送别不断流逝的时间。可是当真正的分别突然到来，我们难免也要深陷其中，无法自拔。不用说是我们，就连自认洒脱的古人，对于这件事情，亦是十分伤怀。若是他们并不在意，又怎么会写出那些流传千古，感人至深，令人一生都难以忘记的诗篇？

《全唐诗》里收录了许多作品，有精华凝聚的，也有鸡肋一般食之无味的。有的绮丽如同仙境，有的深幽如同幻梦，形形色色，都凝聚了诗人的心血。然而其中，最能打动我的，依旧是古往今来为那个伤感的题材——送别所写的诗。

记得很小的时候，学过一首歌，那首歌的名字叫作《送别》：

> 长亭外，古道边，芳草碧连天。晚风拂柳笛声残，夕阳山外山。天之涯，地之角，知交半零落。一觚浊酒尽余欢，今宵别梦寒。
>
> 长亭外，古道边，芳草碧连天。问君此去几时来，来时莫徘徊。天之涯，地之角，知交半零落。人生难得是欢聚，唯有别离多。

长大之后才知道，这首忧伤的歌，是李叔同先生的手笔，后来先生看破了红尘，在西湖边上出了家，成为了弘一法师。文人的想法和做法，有时总是出人意料，往往不能用常理来猜测他们。对他们的某些做法，我们不能够产生认同感，然而，他们都是在用最敏锐的心，去感受世间的情爱，人间的真心，尽管有时，他们太过放浪形骸，可是终究，他们辜负的，在他们眼中，只是道义而已。

送别，一向是一个忧伤的词。

温柔的妻子在长亭外，送别了远行的丈夫，当着夫君的面，她没有落下一滴眼泪，可是转头的瞬间，已经泪落蓝衫；垂暮之年的母亲送别漂泊不定的游子，在那个小小的包裹里，都是她一针一线密密缝出来的衣裳，虽然简朴，却包含了她最大的祝福与心愿；生死之交的朋友在驿站外送别，没有太多告别的话语，一切祝愿都已经藏在眼神中，真心的朋友会懂得。

这世间，无时无刻不在发生着离别送行的事情。而在这桩最常见，又最伤感的事情里，王维用他的真心真情，写出了别人难以企及的诗，一字一句，都凝聚成了最优美的诗篇。他的送别诗之所以比别人写出来的更加富有感染力，一方面是因为他精通音律，能够使诗的节奏韵律更加朗朗上口，便于流传；另一方面，也是因为他将自身所经历过的情思凝聚在诗中，与心通心，与灵通灵，以笔墨在人们心中架起了一条互通有无的桥梁。他自己，就是不断经受着离别的人，少年告别故乡，青年告别深爱的妻子，中年告别故交好友。他的年月，酿成了甜美又苦涩的酒，从蒲州到长安，从长安到济州，从凉州到桂州，这一生里，他的足迹几乎遍布了中华大地，丰富的经历，成为了璀璨的珠宝，最终凝结成了无比闪耀的诗章。只是每多一次挥笔送别，就多一次伤害。

可是在他的诗中，并没有一丝一毫的怨怼。实际上，我们的诗人，比谁都更有怨恨的资格，恨命运的残忍与不公平，恨苍天的舍弃和不仁慈，恨这些最终令自己孤苦地度过余生的冥冥中的注定。然而，他并没有将他的诗，写成怨恨的词句。他的诗充满了温柔敦厚的意味，他总是将自己放在情感之中，真心地祝愿所有离开的人，能够走得更好。

《送元二使安西》这首诗，写在送一位朋友前去安西的时候。我猜测，那一定是一个柳色初青的时节，雨色清蒙，无意中染遍了整座长安。花开得太早，被打湿的柔弱的花瓣，在微微的风里，摇摇欲坠。安西，之于那时的王维，还是一个遥远得看不到尽头的地方，那坐落在如今的甘肃境内的城市，亦是丝绸之路上的一颗灿烂明珠。而一想到诗中所提到的"阳关"，总让人有种"黄沙百战穿金甲，不破楼兰终不还"的壮烈豪迈，或许，那就是一座金戈铁马却冰冷刚硬的城市，哪里比得上长安的花柳青春，又哪里比得上江南的小桥流水，早莺翠鸟。

可王维，提到阳关，并不是让朋友感到离开的遗憾。准确来说，出关，对于唐人而言，那并不是一件让人垂头丧气的事情。出关，意味着有机会上阵杀敌，意味着有可能建立赫赫战功，封妻荫子，位列三公。那是人人都梦想着去做的事情，它总是轻而易举地就能激起唐人心中那份战斗的壮烈情怀。只是淡淡的一句"无故人"，却忽然令人感到莫名的惆怅。高适在《别董大》里说"莫愁前路无知己，天下谁人不识君"，到了摩诘这里，却变成了"西出阳关无故人"，两者的差别，不能说不大。

然而，若是说真实，依旧是王维的更胜一筹。离开了故乡，千里迢迢地去一个全然陌生的地方，重新扎根生存，开始一段人生的新旅程，能够在陌生之地遇上故人，这种事情的概率又能有多大呢？于是就连高适也只是迂回地安慰说，不要害怕天下没有知音，要知道天下也没有不认识您的人啊！说得未免夸张，可到底，不过是安慰而已。而摩诘，也不过是怅然而已。珍惜故人如何？不愿珍惜又如何？对于那样遥远的远方，谁都是无可奈何，就算是鸿雁传书，也不知道要用上多久的时光。

后来，王维这首送别的诗歌，被编成了更加容易流传开来的曲子。编成曲子之后的诗，少了原本的意味，可是我们依旧要心存感激，正因为如此，人们才对这首诗，总是有着与生俱来的认同和熟悉，仿佛那是前生就约定好的，隐藏在我们的血液和灵魂之中，生死相随，过了奈何桥也烙印在我们的躯体之中。

> 杜门不复出，久与世情疏。
> 以此为良策，劝君归旧庐。
> 醉歌田舍酒，笑读古人书。
> 好是一生事，无劳献子虚。
> ——王维《送孟六归襄阳》

孟六，就是孟浩然。这首诗写在孟浩然再度入京，依旧未能出仕，只好郁郁离开长安之时。王维站在好友的角度，或者说，他比孟浩然自己更了解孟浩然，那是一位只适合诗酒田园的诗人，庸庸碌碌的官场，似乎只会成为他的绊脚石。孟浩然这个人，并不像王维那样，有一套自己的人生哲理，可以顺利地游走在官场而又不失自己的底线。他更加固执，更加不通人情，因为他的丰神俊朗，他的赤诚，他的真，注定他此生，是同仕途绝缘的。

这位好友，比孟浩然自己对人生看得透彻，亦是真心实意地在为他着想，与其步入仕途而因此得罪谁，落得万劫不复，还不如身在田园之中，逍遥悠闲，落得轻松自在。这种生活，是当时的王维十分艳羡的，浩然兄又何必放弃如此美事，来当一个受尽白眼，还升迁无望的小小官员呢？王维的这份真情，使他的送别诗，纵使是在名诗如云的唐朝，也占据了一席之地。其实，只要有一首诗千古流传，那个诗人，就会被永远地记住，更何况，摩诘所流传下来的名篇，数量十分可观。

菱花镜中，青衫日益轻薄，而镜中的容颜，也渐渐憔悴。柳永说"衣带渐宽终不悔，为伊消得人憔悴"，那是因为为相思受尽了折磨；而摩诘的渐渐清瘦，只因为深入骨髓的清寂，亦是因为他看到了隐藏在这个强大帝国背后的，一些让人难以察觉的阴影，那就像是一只无形的手，正渐渐地逼近这个依旧奢靡的王朝。

第五章

亦官亦隐亦逍遥

梦终成

总是要感叹"朱门酒肉臭，路有冻死骨"的贫富悬殊，没有见过真实的奢靡，就无法想象富贵究竟可以到何种地步。石崇与人比富，拿蜡烛当柴烧，拿彩缎铺出五十里繁华，击碎一株名贵的珊瑚树也面不改色，转手就拿出来几十株更美丽的珊瑚树。世上自古就不缺乏富人，可是更不缺乏的，却是贫寒交加的人。唐朝，这个让无数人有过梦回冲动的朝代，同样有着巨大的贫富差距。那坐在最高位置的人，同样也坐拥八方奇珍。

当大将哥舒翰在四方征战，保卫这个国家的安乐太平时，当行吟的诗人走遍这里的山山水水，留下无数情感交织的诗篇时，这个国家的帝王，已经忘却了自己是如何从当年幽深诡谲的宫廷阴谋中走出来，成为最终的胜利者，他忘却了那些曾经死在他手中的亲人，也忘却了为了保护他而丧命的人们，更忘却了自己当初登上这个位置时所立下的铮铮誓言。如今的他，沉溺在繁华所带来的享受里，也沉溺在爱情美好的甜美芬芳里，被缠绵动人的歌舞柔化了大气磅礴的心。他带着文武百官和后宫美丽的妃子们，打开了大明宫的左藏库。璀璨无比的光芒，从偌大的宝库里迸射而出，缭乱了在场所有人的双目。

一个帝王，一个国家，拥有华丽的珍宝，并不是一件为人所诟病的事情。或许，在当时百姓的心中，那是一件理所当然的事情。然而，不论是什么，一旦突破了底线，就会变质。像花一样，淡淡的芬芳会令人倍加喜爱，过于浓郁的花香却会让人觉得不适。唐玄宗的宝库，我敢肯定，那一定是那时世界上最奢靡华丽的藏珍阁，身在如此繁华中，他未免会觉得，这些可以让百姓吃上好几辈子的金银，也没什么了不起。既然不曾看重，就不会珍惜。对于那些能够让他龙颜大悦的官员，他随意赏赐，而他对他的宠臣安禄山，更是出手大方。因而安禄山的府邸，极尽奢靡，极其华丽，就连马厩都用金银来装饰。安禄山如此奢华，比起当年的石崇，简直有过之无不及。

然而，玄宗对于大臣们的大方，却并不代表他对边疆战事也同样大方。据说，他愿意花费金钱去修筑一座金碧辉煌的宫殿，却不愿意将收敛的金银当作军饷，保卫天下太平。因而他决定将朝廷的财政和边疆的军政分开管理，边疆的节度使有权自己决定一切事务。如此一来，所有的节度使，等于成为了一方霸主，将这个国家原本十分集中的国土，瓜分得四分五裂。更可悲的是，久溺于红尘的唐玄宗，竟然对朝政完全失去了兴趣。对于帝王而言，国事本来就是他的责任，无所谓爱或不爱，然而玄宗竟然公然问大臣，他已有数十年不曾出过长安城，将朝政交给丞相李林甫，自己去逍遥如何？虽然他这种行为，遭到了大臣们的激烈反对，可是国家大权，已落入了李林甫的手中。想来，这样的皇帝，昏庸混乱；这样的国家，纵使没有安禄山，早晚也会土崩瓦解。

大势已去。对于政治动乱，诗人们更敏感。他们纷纷自动远离了这片迷乱的土地。天宝三年，李太白主动辞去翰林官职，玄宗赐金放还后，他游遍山水名川，直到最终葬身采石矶。天宝十年，杜子美面对这人世，愤然写就了《兵车行》，那是他成为"诗圣"之路上，举足轻重的诗篇。而对于摩诘，他过早地从朝廷中捕捉到了天下大势的信号，虽然没有远离浑浊的朝廷，却并不接近李林甫、杨国忠之流，在亦官亦隐之间，寻找到了自己的出路，徘徊在山水明月之间，追寻自己的人生乐土。

现在的摩诘，经历过人生的寻寻觅觅，他远走过边疆，走过济州也到过秦郡，去过凉州也到过桂林。可是此前的他，并没有在任何一个地方，长久地安居过。他始终都明白，那些并不是适合他的地方，他可以爱上它们之中的任何一个，却永远不能同它们长久地相伴。于是，他只是短暂地栖息，继而重新踏上旅途，流转，寻觅，直至落幕。每一次旅途的终点，都是那座充满了迷梦和魅力的长安城，这或许是一种巧合，可更多的，我坚信是王维的安排与追寻——在漫长的旅途中，他并不是没有机会，永远地告别这座城，在清秀美好的边城，寻找自己最终的归宿。可是，每一次，他都决然地回到了这里，这座爱恨交织，永远繁华不休的城。山寺在绿荫中隐隐显现，露出一角飞檐的陡峭，瞬间又平复了这种危险。四周流水飞翠，如同一首流动的诗。这是属于他的庄园，幽静，清凉，像他一样，丰富而雅致。山川如此之大，他唯独记得，自己的家是在这里，长安城外，溪流声中。他安宁地享受这种平静的生活，随意敷衍着朝廷上的政务，不经心，也不任性批判。对于那些混沌的世事，他已经无心牵挂，也不愿将自身继续耽搁。在那些令人头疼的事务里，他的心如同死灰。只有每日黄昏时分，回到城郊自己的天地中，他才觉得自己是活着的，空气也是清新的，可以随意呼吸。虽然白日里的事情令人烦忧，可幸好有一个美好的夜晚是令人期待的，他愿意，将这样的生活，一直，一直地持续下去，直到他走到人生的尽头。

天宝九年，王维四十九岁。这一年，像送别挚爱的妻子和深爱的孩子那年一样，永远留在了他的心里，带着淡淡的黑色气息，悲伤而深刻。他的母亲崔氏，在一个温和的春日，离开了她所有深爱的孩子。虽然，崔氏临终的年纪，想来也有七十多岁，在当时已算得上是高寿；纵使是办起丧事来，也可以叫作喜丧。可是在儿女们的心中，这依旧是一个令人痛苦的噩耗。父亲早逝，之后这个家庭的一切，在最初都是母亲一人支撑。弟妹年纪尚幼，或许还没有太深的感触，可是身为长子的王维，对这一切，绝对是清楚明晰的。

亲情，在王维心中占据了极大一块地方。人生的情感，不外亲情、友情和爱情。而再深的爱情，最终也不如亲情来得可靠，来得真诚，何况爱情的最终模式，无一例外都是相濡以沫的亲情。千帆已过，当所有的情感，都如同流水一样在王维的手中消失，他开始看淡所有的爱恨嗔痴，恩怨缠绵。他将他的心，留给了山水，留给了朋友，留给了家中的母亲与弟妹，当仅剩的那几个亲人也纷纷离开，可想而知，王维心中是何等落寞孤寂。

他的清淡，他的柔漠，并不意味着他不重视那些血脉相连的亲人，相反，自始至终，他都是将亲人看得极重的人。如果不是母亲的意愿，王维年少时或许就踏入了深山古寺，一去不回；如果不是为了年幼的弟妹能够有所依靠，他或许早就离开了污浊的官场，隐姓埋名，以隐居了此一生。母丧，根据唐人的惯例，是要守孝三年的，实际上就是二十七个月的丁忧。王维这次受到的打击，是前所未有的，据说在丁忧期间，他形销骨立，消瘦憔悴。

虽然我们时常约定，时常想，如果当真有轮回，那下辈子，还是要当母亲的孩子，享受母爱，孝顺父母。可是缘分不由人，往往离开，就是缘分的终点。茫茫人海，就算当真有轮回，也不知道还有没有相见的机会。我们总是编织那么多美丽的传说，那么多容易令人相信的据说，可是那些都只是我们美好的期望，跟泡影一样不真实，却也一样动人。

不知道，辋川的那方小小天地，承载了他多少泪水。都说男儿有泪不轻弹，可是情到深处，伤到心处，又如何能够不流泪呢？本来就伤痕累累的心，好不容易在时光里愈合得看不见伤口，还没到真的放下心的时候，又遭受了这样沉重的打击，摩诘又如何能够不伤心，不伤怀呢？他徘徊在山庄别业里，一潭清湖，半天碧莲，幸好，他还有这样一个美丽清幽的地方，能够容纳他的伤心，可以安慰他的伤情。朋友们都是知道他的悲伤的，所以赶上休沐的时节，也会纷纷相约在这个地方，让烟火气，暂时地温暖摩诘冰凉的心。朋友们相聚在一起，说说笑笑，谈谈谁最新写了诗，说说谁又被派到了遥远的地方，人世浮沉，总算是有些寻常的快慰。只是，天下没有不散的筵席，这些朋友，都是有家室的人，太阳一落下地平线，他们便纷纷起身告辞。于是清冷的山庄里，又只剩下了摩诘和他的一池清秋。

他无法责怪朋友，相反，他十分感激这些朋友，能够在心里惦记着他，能够抽出时间来看看他，将他当成知心的朋友，那已经是他的幸运。世事纷繁，他听闻长安城里，是越发不太平了。杨国舅家的家奴，竟然敢向公主挥鞭，公主入宫哭诉，反而是驸马被免去了官职。而同南诏的战争，一场大败之后，剑南地方上的军官，到处抓人当兵，闹得一片苦不堪言。这些事，如同烟云一样弥漫在摩诘的心上，他叹了口气，笔墨化成指尖的浮尘：

> 嗟予未丧，哀此孤生。
> 屏居蓝田，薄地躬耕。
> 岁晏输税，以奉粢盛。
> 晨往东皋，草露未晞。
> 暮看烟火，负担来归。
> 我闻有客，足扫荆扉。
> ……
>
> ——王维《酬诸公见过》

他看不破这纷纷扰扰的离乱，只能坐在幽篁里，燃上一炷淡淡的香，青玉案上墨色正浓，他将心化作清静的莲，禅意的深沉渐渐落成了苦涩而清凉的莲心。竹林里风声萧萧，忽而就明灭了窗台下的烛影。夜深，人静，这样宁静的时刻，没人舍得打扰他。风幽幽吹过，将案上的经卷吹过一页又一页。他合上经卷，那些密密麻麻的字迹，早已如同镌刻一般，深深地刻在了心底，而这些文字，当真能够保佑他无忧无虑，就此平凡地度过余生吗？

天外天

　　人生如同一场梦，我们总是要同时或是分期扮演那么多不同的角色。对于不同的事情，我们有不同的面孔。在孩子面前，我们是他们的天地，而在父母面前，我们又是永远的孩子。在上司眼里，我们只是小小的下属，而在新人面前，我们又是那样经验丰富，老成持重。可是我们什么时候，才能真正地做一回自己，随心所欲，成为自己最真实的模样，不用担心世人会怎么看，也不用在乎到底会带来怎样的后果。一旦心有所顾忌，往往面对的，就不是那个最纯粹明净的自己，而是世人眼中，常规而受缚的影子。

　　一切时光，总会走到尽头；一切角色，总会有落幕时分。没有天长地久的华丽大戏，一场戏开幕了，总有一场戏落幕，一颗流星划过天际，也总有一颗流星才刚刚启程。对逝去的母亲而言，王维是永远值得牵挂担忧的孩子，那是她最温润柔和的孩子，有着一颗澄净却敏感的心；那是她的长子，令她骄傲，也令她时常皱紧眉头。这种牵挂担忧，或许到了黄泉之下，奈何桥边，也始终萦绕。他不像他的弟弟，行事果决，眼光准确，在任何场合都能够游刃有余；她的第一个孩子，有着坚定不可动摇，不能突破的底线和原则，这就意味着，他无法在仕途上，达到所谓的巅峰。

　　崔氏的预感是正确的，没有人比她更了解她的孩子们。果然，王维的弟弟王缙在后来官至丞相。天宝十一年三月，长安的春水已经破冰，一切，仿佛都预示着转机。王维结束了守孝期，按照惯例被召回了朝廷，成为了吏部郎中，这已经不算芝麻官，然而跟王缙后来的丞相职位相比，依旧是不值一提的。他回到朝中还没到十个月，就传来了一件大快人心的事——丞相李林甫病重而亡。作恶多端而又身在高位的人忽然死去，任谁都要拍手欢喜的。可是，还没等王维他们露出笑颜，朝廷上新的任命就下来了，继任丞相的，是宠妃杨贵妃的族兄，是原先就甚得玄宗重用的杨国忠。

野史和诗歌里，总是说唐玄宗和杨玉环爱得感天动地。那是一场值得铭记和追悼的深情，一生一世一双人，这在寻常百姓家都那样难得，更何况是帝王家。或许，人们对这对恋人异常宽容的原因，不过是出于对美好爱情的向往，纵使是你我有天堑相隔，只要我爱你，你也爱我，就没有什么可以阻止我们相爱，阻止我们在一起。可是，一开始，那到底是一段建立在眼泪之上，不受祝福的爱情。

所以，纵使白居易的《长恨歌》里凄婉而不失赞赏地说"天长地久有时尽，此恨绵绵无绝期"，李义山在《骊山有感》里说"平明每幸长生殿，不从金舆惟寿王"，然而，追根究底，唐朝由盛转衰的祸根，是这对爱得赤诚，爱得旁若无人的男女。因为杨贵妃的受宠，她的家人们也得到了帝王的厚爱，姐妹们都被封了夫人，而族兄杨国忠则成为了丞相，在朝廷中排除异己，将看不惯他的人都纷纷清除出去，其中就有以书法闻名于世的直臣颜真卿，还有王维的好友李恒。李恒是宗室之子，跟皇室有着理不清却不容置疑的亲属关系，然而，一切血缘亲脉关系，在帝王和他的宠妃面前，都黯然失色。天宝十二年，李恒因为不愿意投靠杨国忠，被驱逐出长安城，当了个淮阳太守。

我们的诗人又一次在一个感伤的时节，送别了一个好朋友。人生能够有几回离别，偏偏摩诘全都赶上了。在送别李恒不久，李恒的弟弟也被杨国忠排挤出长安，前往魏郡为太守，朝廷中几乎所有正直的大臣，都面临着被排挤出长安城的危险。在这种情况下，未免人人自危，然而，摩诘却提笔写下了名为送别，实含意的诗：

> 与君伯氏别，又欲与君离。
>
> 君行无几日，当复隔山陂。
>
> 苍茫秦川尽，日落桃林塞。
>
> 独树临关门，黄河向天外。
>
> 前经洛阳陌，宛洛故人稀。
>
> 故人离别尽，淇上转骖騑。
>
> 企予悲送远，惆怅睢阳路。
>
> 古木官渡平，秋城邺宫故。
>
> 想君行县日，其出从如云。
>
> 遥思魏公子，复忆李将军。
>
> ——王维《送魏郡李太守赴任》

在这首诗的开头，摩诘就悲伤而惋惜地感叹说，才刚刚同你的兄长李恒相别没多久，结果近日又要同你分别。你离开没有几天，我们就已经隔着重重的远山。其实相隔的，又何止是远山，古人传书多有不便，一旦分离，就有可能是天涯海角，一生一世不复相见。这样的例子何其多，摩诘是痛惜他们的离去，亦是暗指杨国忠的不义之举。当远去的朋友，转过一重又一重的山河，最终消失在桃花林的尽头，自己的身边，又剩下了谁?

如果说杨国忠之前的李林甫，还是一位贪图脸面的小人，那么杨国忠，干脆连作伪都不需要了。对于这样的小人，王维自然是敬而远之。于是，朝廷之上，更难看到他清瘦的身影，遍寻之下，才发现摩诘早早就下朝回到了山庄之中，享受山林的静谧了。

　　官场上的王维，始终是不快乐的。倘若那是一个帝王勤政，天下清平的年代，或许王维会生出雄心壮志，像任何一位生于太平的男子一样，想要将这太平的天下，变得更好。然而，他遇上的，却是一位沉溺在儿女私情中，忘却了他的天下、他的责任的帝王。生不逢时，当人们遇上无法跨越的门槛时，总是容易感叹自己生不逢时。这个词，又难免会沦为那些不求上进的人的借口，可有时，往往世事就是这样无奈，由不得我们不如此。其实想来，摩诘并不是没有机会的，只是阴差阳错，机缘巧合，最终只是落花流水。

　　在他春风得意，蟾宫折桂的时候，玄宗还未曾遇上杨玉环，主持朝政的大臣也算得上是直臣。那时的帝国，纵使已有了一些不和谐的影子，总体上而言，依旧算得上是海晏河清，天下太平，一切的矛盾还没有开始，一切的悲剧也没有落下第一笔。对于王维来说，一切都刚刚开始，他还有无数的梦想等待完成，他还有太多的诗篇没有落笔，还有太多太多的人生道路没有展开。可是这一切，都在黄狮子事件后，在贬谪济州后，在失去妻儿后，变成了梦中的烟云，缥缈而遥不可及，他不想要，命运也不肯给。

　　所以说，宿命有时候，是那样可笑。当你孜孜以求时，总是不肯垂青，甚至不愿意给你一个回眸，冥冥之中，沉沦颠覆，悲伤痛苦；当人间百态，人情冷暖，你都尝尽时，当你对一切都无欲无求，清心寡欲时，宿命却被翻覆，可是眼前的锦绣人生，却不再是此时你想要的样子。沧海茫茫，世界广大，有时，一只蝴蝶，却会引发风暴。多少微小的变化，最终造成一个全然不同的结局，有心或无心，终归只是殊途同归。

　　此时的王维，已经全然将心付与明月，外间发生的事情，轻易不能惊动他的灵心，他已将他的身心，都沉浸在别业幽雅的莲花塘中，竹林外山月的明净里。然而，再深幽的隐士，也有他的朋友和他所关怀的一切。朋友，一直都是他心中关怀惦念的。此时，能够令他短暂地离开山水，前往纷繁的红尘，再度感受人间烟火的，是晁衡的归国。

在中日外交史上，那一直都是一位不可不提的人物。遣唐使晁衡，原名阿倍仲麻吕，日籍，开元五年，被选为遣唐留学生。他完成学业后，一直留在长安，并且在朝中任职。那时的长安城，是世界上最大的城市、文化经济名城。没有一个国家，不仰慕长安的风土人情，一如此刻的我们，时常幻想着能够回到那个中国最强大的时刻，享受来自海外膜拜的目光。而这个礼仪之邦，在那时，容纳了无数来自国外的留学生，人数最多的时候，有八千余人。而来自日本的阿倍仲麻吕，就是众多学生中的一位。

说起我们国家和日本的关系，难免让人爱恨交织。这个国家，曾经不遗余力地吸取我们的文化，也不遗余力地将它发扬光大，茶道，剑道，庭院，无一不有中华的影子。可同样是这个国家，带给我们那么多的伤痛。只是在盛唐时，在唐朝人的眼中，那不过是个秦始皇派徐福寻访海外仙山而找到的一个小小岛屿。本着兼容并包的精神，唐人对这些人都十分友好，对于远渡重洋而来的留学生们，同样友好而谦逊。

晁衡是日本第八次遣使来唐的留学生，开元十九年，他担任了门下省左补阙的职务。离开长安时，他已经任秘书监，并且兼任卫尉卿。在长安，他结交了许多当时的名流，大诗人，其中就包括王维、李白、储光羲等人。能够同这么多大诗人，成为至交好友，可见晁衡，实在是一个学问和人品俱佳的学者。那年，他告别了这个生活了三十六年的国家，同时，也告别了众多好友，王维，亦在送行的队列之中。

不知道，海外的生活，他还是否习惯，也不知道，这重重的远洋上，隐藏着多少危机和困难。然而，告别的终须告别，晁衡挥手前往自己的国度。自此后，当真是同一个明月，不同的土地。风吹过行人的长衣袖，带来味道腥咸的海风，不久，交情甚深的朋友，就要登上远航的船，此生，当真无法再度相见。

若说过往的那些告别，都不曾预知结局。而这次分别，人们心底，都知道，那是永别。隔着迢迢的海洋，与重重的远山，那是两个国家的距离，也是一辈子无法过去的距离。现在的我们，有着这样发达的交通设备，从世界的这头到那头，不过是数十个小时的时光；古人却是穷尽一生也无法抵达。可是同样有太多的因素能够将我们牵绊，阻碍我们前行的脚步。更何况，王维那时都已经五十余岁，已近花甲之年，他没有时间，晁衡也没有光阴，他们等不来人生的第二次相遇。

积水不可极，安知沧海东。

九州何处远，万里若乘空。

向国唯看日，归帆但信风。

鳌身映天黑，鱼眼射波红。

乡树扶桑外，主人孤岛中。

别离方异域，音信若为通。

——王维《送秘书晁监还日本国》

太多的无奈，太多的离别，太多的祝福和不舍，都在诗里写尽，笔墨落下的，不仅仅是几行字，更多的，是一生的情。其实这次东渡，晁衡并没有回到故土，或许是上苍也不愿意他返回故乡，风浪阻隔了他的船只，海浪将他们打落海中。漂流了将近两年的时光后，当年登船的百余人，不过剩下晁衡等十几人辗转返回长安。谁都无法预测自己的命运，那时的王维，也不曾想到，此生还有机会相见，如同鱼游浅滩，谁能知道，下一瞬间，是否就是烟花一样璀璨的惊喜。

逍遥游

无才不敢累明时，思向东溪守故篱。

岂厌尚平婚嫁早，却嫌陶令去官迟。

草间蛩响临秋急，山里蝉声薄暮悲。

寂寞柴门人不到，空林独与白云期。

——王维《早秋山中作》

在我们的记忆里，王维似乎很少有七言诗，他的诗，包括山水诗和边塞诗，大多数都是五言。虽然极少有七言，但是这并不意味着，他的七言诗就作得不好。就像这首《早秋山中作》，其实亦是极好的，毕竟那是号称"诗佛"的大诗人，一出手，就能够不同凡响。这是他天宝年间的作品，当时他还尚在混沌的官场中行走，张九龄未曾下台，李林甫刚刚露出他的脸孔。王维发自内心地想要离开这个地方，投入山水的怀抱，想如同飞翔的海鸥一样，自由自在随心所欲地翱翔在自己的天空。

我们也都知道，后来的摩诘，实现了自己的理想，在辋川别业里归隐了。其实他这种情结，由来已久。或许，每个古人都曾有这样的理想，寻一方清净的天地，无论生活清苦，岁月清寂，都要在深深的山川里，获得属于自己的安宁。在山月面前，没有混乱，没有伤害，没有爱而不得的悲伤，也没有明珠蒙尘、伯乐不遇的感伤。在这里，心灵可以得到彻底放松。那些受过伤的人，可以用明月抚慰不愈的伤口，将清风化作指尖的柔软，云霞如烟，纵使只是蓬草斗室，也怡然生辉。

一直都以为，生活是一种态度。乐观的人，即使到了八十岁，也依旧觉得自己是最美的、最灿烂的，在镜中映出的不是苍老的容颜和雪白的头发，而是另一种豁达向上的美。那是开在暮春的玫瑰，有着独属的动人美貌。人生免不了浮沉，免不了磨难，这些可以憔悴我们的容颜和外表，但只要我们乐观坚强，就不能伤害我们的心。那颗坚定的心，在我们的胸膛里，任是什么风暴，都不会触及。浮萍一样在这个世间生存着的我们，没有时间，来伤春悲秋，自我感伤。除却至亲和好友，匆匆走过的人们，谁曾在乎我们到底是不是伤心和难过？我们只能露出笑脸，大步向前，让一切伤害都留在过往，去追寻我们的终极梦想。

有多少人，都有着一个隐居山林的梦，却不是所有的人，都可以将这个梦彻底践行。在古人心目中，隐居仿佛是一件庄重而神圣的大事，并不是随意寻到一方山水，号称自己已经远离红尘，就此隐居便可以的。而对于有隐居愿望的官员而言，拥有一座郊外的别庄，那是最好的选择，于是石崇有一座金谷园，后来王维也有一座因他而扬名的辋川别业。为官，写诗，归隐，三者融合为一，恐怕那是当时许多人的梦想。

有很多人是因为摩诘而知道辋川别业的存在，而后者，也因为前者青史留名。他们似乎是紧密相连的一体，你中有我，我中有你，不可分离。据说，那是一个美丽得近乎传说的地方，王维第一次来到那里，第一眼看到它的时候，就已经深深地爱上了它。它坐落在距离长安城不远的蓝田县，若是骑马而来，不出半日就可到达，而且它处在商旅往来的要道上，交通极其方便。山清水秀，云飞日暖，一切都其乐融融。仿佛是前生就已经有了深刻的约定，摩诘几乎是在那一瞬间，就生了久居的念头。

一切都像是前生安排好的，他用尽积蓄，散尽金银，买下了这座田园，然后出使塞外，等待着同它的重逢。而这座美丽的庄园，也静静地等待着主人的归来。没有人能够说得清，他们是在什么时候爱上彼此的，但或许，摩诘没有留在他处，匆匆折返，就是因为惦记着那长安城外的小小庄园，那是属于他的家，不会有人来惊扰。

窗外的流萤，明明灭灭，不知道划过了多少窗棂；屋外的流水声，越来越近，如同奔赴一场梦的盟约，前赴后继，永无止境。晚风清凉如画，或许，摩诘心底，渴望这样的生活，已经渴望了大半生。清幽的环境，不只令他的山水诗，写得越发炉火纯青，同时亦磨炼了他的静心。在佛学上，摩诘师从大照禅师，那是北宗的得道高僧。如同前文所说，北宗讲究"凝心入定，住心看净，起心外照，摄心内证"，也就是说，这种禅宗的修行，极需要一个宁静清幽的环境，来引导一颗清净无为的心。因此，辋川别业，更加成为了王维生活中，不可或缺的一部分。或许，我们可以从他的文章中，窥得他此时的悠闲自在，心满意足：

> 近腊月下，景气和畅，故山殊可过。足下方温经，猥不敢相烦，辄便往山中，憩感配寺，与山僧饭讫而去。
>
> 北涉玄灞，清月映郭。夜登华子冈，辋水沦涟，与月上下。寒山远火，明灭林外。深巷寒犬，吠声如豹。村墟夜舂，复与疏钟相间。此时独坐，僮仆静默，多思曩昔，携手赋诗，步仄径，临清流也。
>
> 当待春中，草木蔓发，春山可望，轻鲦出水，白鸥矫翼，露湿青皋，麦陇朝雊，斯之不远，傥能从我游乎？非子天机清妙者，岂能以此不急之务相邀？然是中有深趣矣。无忽。因驮黄檗人往，不一。山中人王维白。
>
> ——王维《山中与裴秀才迪书》

　　这是唐朝散文中，十分有名的一篇。在唐朝，难得有这样大气又优雅的文章，它有着一首诗的雅致，又兼具一阕词的温柔，还蕴含着丰富的人生哲理。想必，裴秀才在看到它的瞬间，也会为文中的清隽优雅所感，日夜兼程地来到辋川别业，同摩诘一起，行走在青翠的流水山林里，听屋外黄鹂叫过声声的春意。这本来是一封写给裴迪的信，最终，却成为了流传千古的名篇，这同出自王维之手不无关系，然而，它本身的清逸灵秀，却如同辋川一样，永久地留在了我们的心头。

　　这首诗写在冬日的时节，阳光的力度，还不能破开那层寒意重重的冰，可冰下轻快的流水声，已经隐约传出。摩诘在字里行间，描绘着那种迷人的春意，仿佛落笔的时刻，或是裴迪前来的时刻，冬季就已经远离，春天就已经徘徊在附近。他且行且停，像是一只自由自在的飞鸟，不为心机所累，不为官场所束，心中所想，唯有山川而已。

　　美好的山色，迷醉了诗人的心。然而，诗人却依旧对于另外一座名山，另外一个美好之地，怀着莫名的情结。那种爱，不是缘于天长地久的约定，也没有一见钟情的欢喜，却来自笔墨之间，书文之侧，随着文字，源远流长地萦绕在他，或者说是任何一位文人的心头。那座山，叫作终南山，而那个地方，叫作桃花源。

　　对于唐朝的人来说，终南山似乎永远都比泰山更巍峨，比华山更险峻，比黄山更秀美。其实，终南山并不比那些名山大川更加巍峨或秀美，人们对它的喜爱，是因为它背后所蕴含的文学意义。一样东西，一旦被赋予了特殊的含义，便总令人觉得价值连城。因为钻石被赋予了永恒的定义，于是更加名贵珍稀；因为施华洛世奇的水晶有独特的含义，就更加闻名遐迩。

　　陶渊明有两句诗：采菊东篱下，悠然见南山。陶渊明是中国文学史上至关重要的存在，如同《诗经》之于现实主义，如同《楚辞》之于浪漫主义。在他所生活的那个年代，他不曾因为他写的诗出名，也不曾让人领悟到他文字里的精髓美妙，偏偏却在日后，他影响了那么多的文人才子。唐朝的田园诗，直接受到了他的影响；宋朝大文豪苏东坡，对陶潜亦是十分景仰。自然，王维是受到他影响的众多诗人中的一位。时光深沉，岁月如海，日光日复一日地游走，那些诗句的意蕴，忽然就成为了某种不可替代的存在。

于是，终南山，成为了古人心中，一个无法代替的存在。那是一种深山寻隐的情结，亦是对终南捷径的希冀，功成名就，封妻荫子，那是多少人可望而不可即的梦想。梦，人人都在做，却不见得人人都能如愿以偿。而之于摩诘，那也不仅仅是一座风光绝美的山而已。走进这座深秀飞翠的山中，仿佛就是自己，追寻着前人的脚步，寻访深藏在历史尘埃里的诗意和梦想，仿佛再过一瞬间，就能触及前人飘逸的衣角。

那个清寂忧愁的秋天，他一身素衣，半身清风，孑然走进了这座诗意的深山，独自寻找梦中的情景。那是一个做了许久许久的梦，在那里，他同那位清瘦却温和的五柳先生，举杯对饮，痛快地喝酒，痛快地说出心里积存多年的话，也痛快地写诗作画弹琴落子。在梦里，没有终结的时光，一切都走不到尽头。潇潇的秋雨，如同水墨一样，将翠色的深山，弥漫成一片烟云。他们坐在小亭，雨滴嗒嗒轻敲飞檐，然而小亭一角燃着的香，却一如往昔，袅袅婷婷，不曾熄灭，也不曾淡薄。

梧桐叶落，碧檐风轻。这个梦，如影随形，纵使在他醒来之后，依旧清晰得像是触手可及。他心心念念，终究无法忘怀，所以有了这次终南山之行。这憔悴悲凉的人生，终究需要有一些能圆的梦，来慰藉身侧的孤冷。摩诘曾有一首《终南别业》的诗，其中写道：中岁颇好道，晚家南山陲。而据考证，诗中终南山的家，应该就是他的辋川别业。于是，有人便说，辋川别业，明明坐落在长安附近的蓝田县，又如何能够属于终南山的范畴？实际上，用蓝田县的别业来借指终南别业，在唐朝十分常见。蓝田县的悟真寺、化感寺，在唐朝都曾被称为终南悟真寺、终南化感寺。既然摩诘在诗中都说那是他的家，想必，在他的心中，那里必定具有十分重要的意义，而此处，除了辋川别业，也别无他想。

虽然那并不是真正意义上的终南山，可是能够在诗中，得以圆上此梦，也是一件幸事。何况，蓝田县距离终南山，并不是很远。摩诘也并非是日日都生活在辋川别业中，他也时常离开家园，到长安城中去探访自己的好友；或是前往终南山，独自行走，从容而恬淡；或者路途中，会遇上一两个同样出游寻隐的老友；或许在行走了许久之后，会在不经意的回眸里，发现一座香火并不旺盛，却坐落在幽静处的小寺。他是那样喜欢徘徊在这深静的小径里，坐看花落花开；也是那样喜欢行走在悠长的春雨长廊里，听着沉静的钟声，飘荡在天际里；也是那样喜欢坐在窗下，静静地焚上一炷香，让缥缈的烟云从指尖离去，而身侧，是经卷默然无语。

或许，这样的生活，才是自己渴望着的，与生俱来期盼着的。所以，在人世的浮华，短暂地扰乱他的视线之后，他能够迅速地从金碧辉煌的尘世里，忽然就醒悟了，回神了，真正地明白，什么样的生活，才是自己最终期待的。总是在寻寻觅觅后，才恍然发觉，想要的就在身侧，可是就是那样可笑，分明是近在咫尺，却错过了那么多、那么久。然而，人若换一种角度思考，如果在一开始就明确自己的心，那么也就不会有顿悟后的欢喜，辗转而来。

桃源深

"雨中百草秋烂死，阶下决明颜色鲜"，他这是杜甫在天宝十三年写下的诗，题目叫作《秋雨叹》。其实单单看这两句诗，只觉得对仗工整，意境清冷。当秋雨落下，在淅淅沥沥的萧瑟里，曾经青翠鲜艳的百草都慢慢走向枯萎，而长长石阶下的青苔，却因为雨水的滋润，格外碧绿明快。

美丽，出自对比；对比，却需要残忍和决绝。这场化入杜甫笔墨中的雨，在天宝十三年，下了六个月还未停止。是年，这座古老的城市，弥漫着雨色的茫然，并不像千年后的今天，掠过古城的风，已经染上了沙砾的黄色，而人声鼎沸的街道上，也扬起了尘土的烟花。

长安，或许已没有了当年绝代的风华，然而，从雨声里，从陌上淡黄的花里，还能重温它旧日的影子。那些风花雪月的故事，有些被掩埋，有些被流传，被深记，被铭刻。总有一些人，一些事，像是心口的朱砂，忙忙碌碌的平日，不曾被发现；当一整晚的雨淋湿心头，才发现，那些是最不可遗忘的。一直都以为，轻易无法宣之于口的东西，才是用情最深、最珍贵的东西。我想，桃花源，之于摩诘，也有着如此重要的意义。

在人海里流浪的时光，孤独寂寞，噬骨冷心。只有你一个人，感受着悲欢离合、七情六欲，身侧没有谁，能够与你一同分享最近的事情。唱歌无人听，泼墨无人看，也没有人问，这样走遍天涯到底在追寻什么？谁都不能听见谁的寂寞，谁也不能真正排解谁的感伤。不管怎样，谁都曾受伤，可是每次受伤，跌跌撞撞，也只能自己站起来，躲在某个角落抚慰伤口，直至愈合。曾几何时，这场流浪，就是为了寻找一个桃花源。就像每个人心中都有一个哈姆雷特，世间的人千千万万、形形色色，每个人对这个地方，都有属于自己的想法和期待。

阳光下，透过树荫的光芒，像是夜空中流落凡尘的星星。梦中，有人溯水而上，一叶轻舟，一袭白衣，像是每个女孩年轻时骄傲珍贵的梦，两岸有落英缤纷。蒹葭早已被春风带走，剩下的绿意和霞衣，灿烂得教人无法直视。踏上流水上的小舟，跟随心里的声音，探访那个理想中的圣地。是的，就是圣地，不容玷污，只能接受彼此的顶礼膜拜。

想必，桃花源在王维的心中，亦是神圣如斯。只是在他的眼中，这个曾被陶渊明描绘的地方，更加被美化——心安处，大约就是桃源。

> 积雨空林烟火迟，蒸藜炊黍饷东菑。
> 漠漠水田飞白鹭，阴阴夏木啭黄鹂。
> 山中习静观朝槿，松下清斋折露葵。
> 野老与人争席罢，海鸥何事更相疑。
>
> ——王维《积雨辋川庄作》

这首诗里，有两句名句，"漠漠水田飞白鹭，阴阴夏木啭黄鹂"。然而我更喜欢的是首联，总觉得字词里有种清淡的缥缈，却染了几分烟火几分寻常，融合起来，独具风情。其实王维还有更加活泼欢喜的诗，只是由于禅心云水的修行，他的欢喜，也只坐落在心里，淡淡的，浅浅的，可是看起来，总会令人露出会心的笑意。就是那样一个，适合生活在禅心和诗意里的人，怎么看起来，都是那样行云流水。

不到东山向一年，归来才及种春田。

雨中草色绿堪染，水上桃花红欲然。

优娄比丘经论学，伛偻丈人乡里贤。

披衣倒屣且相见，相欢语笑衡门前。

——王维《辋川别业》

　　难得的欢喜外露。即使开头还有微微的牢骚，抱怨归来得微微晚了一些，差一点都赶不上种植时节，可是又抵不住春光灿烂。雨中的蒙蒙绿意，水上漂浮着的霞光，还有志同道合的君子们，这一切的一切，都是那样适宜，于是忍不住就要提笔落墨，记下这一刻的快活欢欣。可见，此时生活在山水中的摩诘，是多么自由快乐。心安处，适宜处，果然就是属于自己的桃花源。不必在乎旁人的眼光，也不用在乎谁怎么说怎么做，只要跟随心的脚步，终究能够找到属于自己的小小天地。

　　据说，摩诘有洁癖，辋川别业里，几乎每天都有几十个人为他打扫清尘，房子里从来都找不到任何灰尘，专门掌管清洁工具的人就有两个。而平日里，人们是找不到摩诘的，因为他时常在深林中静坐，感受身侧的鸟语花香，或者种植花草，或者抚琴自慰。此时的王维，在别人眼中，已经算得上是功成名就。实际上，他的官当得也不小了，俸禄和其他收入，足以给予他一种不需要在乎他人怎么看的自由生活。何况，摩诘妻子早逝，孩子早夭，他也没有为子孙后代忧心的烦恼，只需要让自己一个人，更好地生活就足矣。

　　于是，他的辋川别业，成为了蓝田县一道奇特而美丽的风景。琴音淡雅，花草茂盛，这都是别的地方不具备的。或许，是因为别的别业主人不曾像摩诘一样，将自己的心血和深情，都融入其中。只要有爱，就会有独特迷人的光辉，这是尘世最真挚的定律，一如恒久的钻石。这种清静时光，对于文人来说，简直是如鱼得水，悠游自在。音乐，是能够令一个人的心更加从容，令一个人的品性更加高洁的；而诗文，也有着同样的作用。这样的生活，对于摩诘的诗画创作，显然是极有影响的。可以说，没有这样富足悠闲的生活，就不会有他清心淡雅的山水诗，也不会有这样如诗如画的他。

虚静，这个词之于王维，是山水诗和他自身一个最重要的境界。他就像是从这个意境中走出来，来到凡尘的人。这里，就不得不说到他和道家的关系了。我们都知晓，他同佛家是密不可分的，可是摩诘，实际上是佛、道、儒三家的精华孕育出来的瑰宝。他如同夜色里的曼珠沙华，吸取了月色的精华，应运而生，美不胜收。道家的始祖老子，对他的影响，亦是十分深重的。而虚静，就是道家凝聚的精华境界。

开元年间，莲花开落的时节，摩诘写过一篇叫作《荐福寺光师房花药诗序》的文章。荐福寺坐落在长安城的开化坊，最初，那是隋炀帝在长安的私坊。时光打落流年，物换星移几度秋，这座曾承载帝王恩怨的宫殿，又先后换过几个主人，都是非富即贵的人。然而最终，这里却变成了香火鼎盛的寺庙，起初叫作献福寺，最后才被武则天改名为荐福寺。红墙绿瓦，总有风流意，而这里的飞檐琉璃，却在香火的熏陶下，渐渐脱去了繁华的外衣，染上清静的禅意。那时的摩诘，未曾老去，轻裘青衫，像是一位世间最平凡的儒生，在这里，遇上了他的宿命。

每个故事，似乎都有一个华丽的开头。崔莺莺在战乱里遇上张生，霍小玉在茫茫红尘里得见李益。这样的开头，仿佛都必然会有一段爱恨离愁，跌宕起伏。而摩诘的这场相遇，却无关红尘爱恨，无关风月迷离，不过是一场心的修行，一场禅意的坐化，一场莲花的生发浮沉。偌大的长安城中，有许多更加华丽或清幽的寺庙，而荐福寺能够在诸多寺庙中脱颖而出，显然是因为那时有一位道行高深的禅师居住在这里，他就是高僧道光。传说他曾苦修在深山中，独自修炼，领悟到佛法的至高境界后，曾不惜身体受损而割肉喂鸟，因着这样的苦苦修行，一心一意，他遇上了五台宝鉴禅师，最终成为了天下闻名的高僧。

其实浮名利禄，在这位已经得道、看破浮尘的禅师眼中，不过都是过眼云烟，只是普度众生，总归需要一个足够宽容的场所。而之所以是荐福寺，只因机缘巧合，或许，就是佛所说的"命"。那是不是，摩诘遇上了他的宿命，成为道光禅师的弟子，俯身受教数十年，亦是一种冥冥之中注定的"命"？不可逃脱，也无意挣脱，心甘情愿地走入此间，纵使是套上旁人眼中受罪的枷锁。其实，摩诘是幸运的，这位名动天下的禅师，既然能够受万人景仰，也必然有着过人之处。他不仅道行高深，亦是一位极有文学素养的诗僧。这就是摩诘的机缘了，又或许，那是文人和文人之间，彼此吸引的宿命，任浮世沧海，总是会得以相遇。

诗僧，这个独特的群体，或许也只存在于缥缈久远的古时。尤其是盛唐，几乎是人人会作诗。可是，并不是谁都能有机会读书识字。在这样的情况下，僧人是占据了有利条件的，因为要念佛抄经，于是习字温书，就成为了一种必要。加之，僧人在唐时是十分庞大的群体，实际上，僧人不管在中国的哪个朝代数量都十分可观，所以才有了后世几次大规模的"禁佛"活动。然而，盛唐却不曾"禁佛灭佛"，反而对佛教极其尊崇，这就有了文人跟僧人的亲密接触，如此一来，有些生性温柔敏感的僧人，不免也沾染了文字的秀雅。

那时，摩诘还只是初涉佛心的小小信徒，本着内心的呼唤，沉静而随心。那篇《荐福寺光师房花药诗序》，就是为那位灵心深厚的道光禅师写的《花药诗》而作的序。那本是一场风雅，最后流传成了一段佳话，更成为了我们了解摩诘的道路，或许当真是，自有天命。

第六章

空山闻语无人踪

画中仙

　　"味摩诘之诗，诗中有画；观摩诘之画，画中有诗。"每次提到王维，人们总喜欢引用这段话。这段恰到好处的评论，来自宋朝的大文豪苏东坡，他亦是一位诗画双绝的文人，对于同样擅长绘画的诗人，或许有着一份特殊的情愫。对于相似的人，茫茫人海里，我们总是会特别注意，像是一见钟情，可实际上不过是因为那些相通的小心思小脾气，使人有种得见知音的情怀。而苏轼对于摩诘，亦是如此。

　　北宋嘉祐年间，青苔湿润、小巷深幽的季节，墙脚的小花零星开了几朵，长长的青藤在白墙上恣意纵横。还不曾名动天下的年轻人，在休沐时分，偕同两三好友，一同漫步在古老的遗迹里，寻觅渐渐远去的记忆。那年，他刚踏入仕途，一如春风得意时的摩诘，那年，他奉命上任，成为了凤翔府的小小判官。命运就是这样奇妙，机缘巧合，那天那时，他与好友出游，经过开元寺。那是一座古老得泛出尘埃的旧寺，曾经整洁的墙壁，已斑驳剥落，露出一色灰白的苍凉。可旧时的壁画还隐约可见，那是唐人留下的壁画，见证着他们曾经的存在。他举灯细看，裂缝蜿蜒处，绘的是宝相庄严，栩栩如生。纵使不曾信佛，此时的苏轼，也不由得为画中的精妙美丽所震撼。

　　彼时还没有聊斋先生的《画壁》问世，可那时的苏轼，是否在脑海中灵心一动，误以为下个瞬间，便有神灵从壁上破身而出，执一卷经，一枝莲花，巧笑嫣然，慈和温柔。身侧的好友温言解释，只说着画此画的人中，有古时的"画圣"吴道子，还有唐时的"诗佛"王摩诘。这一说，便更加震慑了那年轻人的心魂。

都说摩诘诗画双绝，可是不曾亲眼见到，谁知道那是不是道听途说，谁知道其中包含了几分真、几分假。摩诘的诗诚然是写得极好的，他一向十分佩服。可不曾料想，摩诘的画亦是这样精妙无双，纵使同一侧吴道子的画相比，也不见有丝毫逊色。他在此处再三流连不去，心中只是感慨，原来摩诘，竟然是如此妙人。后来他回忆说"摩诘本诗老，佩芷袭芳荪。今观此壁画，亦若其诗清且敦"。

意思就是说，摩诘的诗本来就写得极好，如同清幽的香草芬芳不绝。可是，直至今日看到这幅壁画才发觉，他的画原来也是这样好，如同他的诗一样，清秀而温柔敦厚。苏轼的评鉴能力是不容怀疑的，既然连他都这样看待王维的画作，想必，果真是极好的。只是不知道最后苏轼是否依旧对摩诘的笔墨丹青，念念不忘，然而，我们却可以肯定，王维的绘画作品，绝对足以震撼世人，感动世人，在世人的记忆中占据一块空间。或许是这幅壁画，带给苏轼的震撼实在太大，于是后来，他数次提到摩诘，并且在后来的《东坡题跋·书摩诘〈蓝田烟雨图〉》中写下了上文那句评语。

其实在唐朝的文人之中，能诗会画的人不少，许多人都可以给自己的画作题诗，也有很多人都可以为自己的诗画画。然而，像摩诘这样，诗画熔为一炉，炉火纯青的文人，却是极少的。在一个领域成为最顶尖的人，或许容易，然而要同时在两个领域都成为最优秀的人，似乎就有些难了。可是，王维却做到了，当时，他身为画家的名声，并不在他诗人的名声之下。都说盛名之下，其实难副，他却是名不虚传的，诗如画一般鲜明可触，画如诗一般清秀空灵。能够有如此的成就，他自己都扬扬自得起来，到底是惊才绝艳，天赋奇才。

老来懒赋诗，惟有老相随。

宿世谬词客，前身应画师。

不能舍余习，偶被世人知。

名字本皆是，此心还不知。

——王维《偶然作六首·其六》

他十分得意地自夸说"宿世谬词客，前身应画师"，那样清静闲淡的一个人，有时也会有小小得意，还写出来，到底教人惊奇，可惊奇之外，又多了几分欢喜。人们仿佛看到，即将是知天命之年的摩诘，显然已经将人世红尘看破，彻底忘却了无数离别给自己带来的悲伤。经过多年静心修行，他已明白，这一世，每个人都是不断飞行的孤雁，有时可能身侧有人同行，一同翱翔在碧蓝晴空，到最后，终究是独自承受所有悲喜，亦是孤身一人，奔赴未知的旅途。

我曾说过，盛唐时，摩诘画家的名声，并不比他诗人的名声低。当时他的诗文名气也极盛，几乎是一代文宗，然而他在文坛上的地位，到了南宋时期，却被李太白、杜子美两人超越取代。相反的是，他在画坛上的声名，却日益兴起，被后人尊为"南宗画"的始祖，"文人画"的开山祖师。这样的评价，倒真是极高的，如同老子在道家中的地位，孔子在儒生心目中的形象，都是无人可及、无人可比的。每一位开山祖师在后来的传人心中，都是如同泰山北斗，高不可攀的。所谓的"南宗画"不过是后人编排出来的，可"文人画"却是确有其事的，还是古代画作流派中别具一格的一支，传人更是数不胜数。这开山祖师，王维确也是当之无愧的，就连苏东坡，都觉得摩诘的画，比吴道子的还要美妙。吴道子能够被封为"画圣"，其画经过千年流尘的洗涤也不褪色，他又岂会是平庸之辈。

或许评论时，苏轼是站在文人的立场，同样是用一颗文人的心，来感受摩诘画中的情意、画中的诗。毕竟都拥有着那样敏感温柔的心，风月的脉脉温情，草木的眷眷柔情，山水的凄凄长情，他们都能够有所感受；又同样是擅长绘画的人，都能够将笔端流泻出的情意，以七彩的笔墨，绘入洁净的纸上。苏轼在《王维吴道子画》中写道："吴生虽妙绝，犹以画工论。摩诘得之于象外，有如仙翮谢笼樊，吾观二子皆神俊，又于维也敛衽无间言。"天地有情，如若万事万物都以一颗有情之心，望之，待之，容纳之，那又是多么美好的事情。

如若地下有知，不知道摩诘看到此种评论，会是怎样的心情。他的诗，他的画，都是他用生命倾注的，所有深爱过的人都知道这种感情。可不管怎样，他注定是不会为人所忘却的，不管是由于他的诗，还是由于他的画。只是可惜，苍天弄人，浮世浮沉，那些美好得令苏轼都见之忘俗的画作，已经在千年流转的时光中消失无痕，仿佛那些存在过的美好，都只是一些动人而苍白的传说。我们已经无法见到摩诘的真迹，据说日本收藏的《伏生授经图》和《江山雪霁图》，亦是后人仿作，并不是他的真实笔墨。

其实摩诘的画，在我心里留下印记的，是传闻中他的《雪中芭蕉》，此生已经无缘窥得他的真迹。然而光是这样一个名字，就让人心中一动。芭蕉，本是夏日凉意微微的植物，绿意丛丛；而雪，使千万尘埃落下，却仿佛，无法掩盖那抹青翠。一个是晴好夏日时光，一个是凄冷冬季流年，却被摩诘独具匠心地融会进了同一个画面，这已经不是单纯的画面了，而是一首从他笔端流泻而出的诗，在辋川的山水里，日夜流转。

时光流转至今，我们能够得见的，只有他在烟火佛光里，留下的零星壁画。似乎，唐人作画，极其喜欢在壁上留下丹青书痕，黄沙覆盖的月牙泉边，就有他们所留下的艺术宝库。敦煌壁画，每一幅都是世界上最珍稀的宝藏。王维所留下的壁画，想必亦是绝品，然而这些画作，在战乱之中被摧毁粉碎，如同来去自如的时光，不留丝毫痕迹。但在北宋时期，他的作品被保留下来的数目还是十分可观的。据记载，北宋御府还珍藏着王维的一百二十六幅画作，有《山居图》《捕鱼图》《雪渡图》等，可见摩诘画作的题材还是十分广泛的。因为生活阅历的丰富和禅心的修炼，他所能看到的事物，总是比常人更远、更美，更加记忆深刻。

人世上，并不缺乏这样的人。时常有人，在经历了猝不及防的风雨后，忽然脱胎换骨，焕然一新，就仿佛是魂魄重生。在一夜之间新生，听上去似乎很干脆迷人，可是没有亲身经历过的人，岂会知道背后的辛酸眼泪，如同流不尽的长江水，唱不完的千年歌。成长，总要付出一些代价，天真无邪的孩童们，总是渴望一夜成长，在他们眼中，成长就是可以涂上口红，穿上高跟鞋，无拘无束地骑上摩托车，肆意走天涯。可人们总是羡慕那些不谙世事的孩子，因为他们是那样纯洁，可以痛快欢笑，痛苦哭泣，声嘶力竭也不妨事，反正是不懂事的孩子。对孩子那些看起来可笑无知的事情，谁会挂在嘴上，记在心里。成长，就是有时连号啕大哭都觉得是一种奢侈。人们在成长过程中总是被要求像一个真正的大人那样活着，却没人告诉你规则，只知道不能任性，不能放肆，不能随心所欲。仿佛生活就是一场赤裸裸的束缚，人们总是要在那么多的规则条框里寻找属于自己的定位，生活，就是那样不易。

可来之不易的东西，反而更加值得珍惜。来来往往的人流，像是每一分每一秒都那样忙碌，有谁曾停下脚步，看看天空流逝的浮云；有谁垂下眼眸，凝视角落那个小姑娘篮子里的花；有谁留意到身侧瞬息流光的变化；又有谁曾在深夜里为伤心人吹一曲阳春白雪。容易到手的事物，总是在得到之后就被遗忘在墙角，深锁在柜中，最后在旧日时光里无意寻找，才发现，那些曾不被珍惜不被宠爱的，早就消失无踪，只剩下一地青芜和尘埃。我相信，摩诘是不会忘却那些曾深爱曾牵挂的事物，即使岁月匆匆，已经找不到当初心动的原因，他依旧会好好珍惜，妥善保存，最后随他一同埋葬。一如当年翠纱窗，谁罗衣黛颜，如若剪影。

静流音

是不是世间所有人，都觉得写诗是一件非同寻常的事，那些诗人，总要有一颗温存柔和的心，细腻地感知世间的每个瞬间，纵使青春已经不再，他们依旧轻狂，骄傲得目下无尘，永远地徜徉在青春的甜美里。仿佛只有这样，才能写出一鸣惊人的诗句，由此永远地被世人所铭记。其实，真正的诗人，也不过是像我们一样哭着笑着悲哀着欢喜着的寻常人，一样为生活奔走繁忙，一样在困难中煎熬。然而，尽管风霜一样会令他们白了头，皱纹也从来不曾放过任何一人，但是他们却拥有比常人强大而温柔的内心。于是，他们总是优雅而从容地活着，不因流浪而沧桑，不因风雨而憔悴，不因俗事烦琐而忧愁。

据说，日本俳句里写得最好的是这句："蛙跃古池内，静潴传清响。"第一次看到这所谓的佳句时，不禁微微一笑，不以为然。我们的古诗，写得比这好的实在是如同繁星。李青莲笔下的佳句数不胜数，随便寻出一句来，仿佛都足以令它黯然失色，就连后世李义山的诗句，要秒杀它也就是动动指头的小事。可我们总归要想，既然能够在扶桑独领风骚数千年，必然有其过人之处。于是细细品读里，越发觉得清隽深幽。

其实迷人的不在韵律，不在字词，而是在于那种若隐若现的意境，迷离清静，总是令人求而不得，不得之后又突然地翩然而至。诗意和禅意被完美地融合在这两句诗里，静到极处即是喧嚣，而深夜里微微的喧嚣浮现，更加映衬出冷月夜的清寂，这种清寂，亦是禅意。据说，松尾芭蕉能够写出这两句，是受到了当时日本得道禅师佛顶的点化。禅师问：近日度日何如？松尾君答曰：雨过青苔润。禅师又问：青苔未生之时，佛法如何？答曰：青蛙跳水声。对于那些佛法的局外人而言，这一问一答都有如猜谜，不肯正正经经地回答，不论问或答，都是极其精妙高深的佛法，含蓄蕴藉，等闲人无法深知。

拈花微笑，舍身成仁。我们不能深刻地明白其中的佛理，却能体会那种幽境，那种佛理与诗意完美融合的美。这样一来，李青莲的诗似乎也不能够与之相比了，不是说他的诗不好，而是它们并不在一个端点上，并不能相提并论。而在古时，仿佛也只有摩诘的诗，才能同这句诗比肩。王维的山水诗，大多数都收录在他的《辋川集》当中，其中，有许多像这两句"蛙跃古池内，静潴传清响"一般轻盈灵透，却有静穆庄严的意境。一切美好的事物，或者说是一切仿佛矛盾的事物，在摩诘的笔下，都是那样完美恰好地融合在一起，达到了一种前所未有的平衡境界，我们所能看到的，也不止是诗和诗中的景色而已。

> 空山新雨后，天气晚来秋。
>
> 明月松间照，清泉石上流。
>
> 竹喧归浣女，莲动下渔舟。
>
> 随意春芳歇，王孙自可留。
>
> ——王维《山居秋暝》

此诗，堪称是摩诘山水诗的典范。有人说，诗中的"明月""清泉"，代表的是高洁的品格，意指诗人亦是如此的高洁清雅，如同明月清泉，不染尘埃。实际上，并非如此，摩诘这样落笔，不过是使明月、青松、清泉、山石，共同构成一片清净如水的意境，意到深处，自有禅意幽然而生。而品味这首诗的意境之后，如有迷雾渐渐散去，有娇俏活泼的小家碧玉，俏皮地穿梭在碧生生的莲叶之间，与鱼一同嬉戏玩耍。而不远处，月色溶溶，松色清浅，那样的静谧和那样的喧闹，一同构筑了一幅动人如斯的画面。

摩诘能够给我们带来这样美好的场景，除因他在音乐和绘画上高深的造诣之外，我们还要感激他在佛道中高深的修行。他在亦官亦隐的生活中，本能地体悟人生和自然，完成了从单纯的审美体验到审美和高深佛理结合的转变。而他对文字超凡脱俗的掌控力，又使得他轻而易举地抓住了灵感来临的每个瞬间，以巧妙灵动的语言表现出来，让这个美丽得如同传说的意境，更加秀美绝伦，仿佛连生命，都能够被感动，被震撼。

这应该是摩诘居住在辋川别业时，亲眼所见的场景。彼时，夜色深静，月色下的莲花微微羞涩地垂下娇容，清澈的泉水缓缓流淌，衬着迷雾般的月光，仿佛流转着一层薄薄烟云。女儿们相约出来浣衣，不知是谁捉弄了谁；谁又讲了一个笑话；谁垂眸浅笑，莞尔不语；谁微微发怒，不依不饶；谁只是关心莲蓬，偷偷泛舟入塘，且寻一寸欢时。其实这首诗，也像他所有的山水诗一样，平凡里有动人的静谧，静谧里又有迷人的魅力，吸魂夺魄，却让人不自知。摩诘还有许多写得活泼秀美的小诗，如他的《书事》，篇章短小，算起来不过二十个字，可依旧缠绵动人，读来让人唇齿留香。

> 轻阴阁小雨，深院昼慵开。
>
> 坐看苍苔色，欲上人衣来。
>
> ——王维《书事》

这是一幅暮春时的画，寂寞小院落，春去无人知。有谁悄然推开了那扇小门，无声地走进这座寂寞清幽的小院。雨声窸窣如梦，伴着庭院里淡薄的落花香气。谁清寂如斯，连满园的青苔都为之清冷憔悴，恨不得随着他的脚步，陪伴他一生一世。并没有说到半分寂寞，可偏偏有种淡淡的冷寂从中而来，这样的意境，这样的美妙，如诗，又如画。

所以说，摩诘的诗，是一幅幅秀美隽永的画。于画，他倾尽全力笔绘丹青；于诗，他以一颗灵心感触世间的每一分美好。这位被称为"诗佛"的男子，仿佛在诗画的天地里，便能够忘却一身凡俗烟尘，坐化入境，在艺术的天地里洗净铅华，涤清灵魂。都说艺术家们是造梦的天才，像摩诘这样诗画双绝的人，更是编织梦境的高手。人生虽然不可以重来，却可以用梦想构筑灿烂，燃烧青春。你可以走在山水间，选一棵青翠的参天的树，静静靠着，看远方的小屋上，袅袅升起的炊烟。也可以找一个繁星点点的夜晚，戴上自己的耳机，把声音开到最大，歌声很美妙，而自由很宽广，整个世界，都像是在你的怀中。这一切都是温暖的，如同春日里温暖的阳光。

于是，我终于懂得，为什么世界上会有这么多寻梦的人，他们追逐着心中的理想，尽管在现实里他们一无所有，仿佛贫乏得苍白空洞。可是，他们却拥有世界上最宝贵的东西，那是梦，那是理想，也是一种震撼人心的力量与精神。尽管在别人看来，那种追寻，似乎可笑得不切实际，可是他们不知道，只要能够踏出寻梦的脚步，踏上寻梦的旅途，那些人就已经拥有了世界上最珍贵的勇气。并不是每个人，都有这种痴狂的觉悟的。

而摩诘，仿佛已经停下了追寻的脚步，仿佛已经将这种寻梦的权利，让给了前赴后继的年轻人，自己却转身上岸，淡淡地将一叶孤舟停泊在江流的转弯，笑意盈盈地看着那些追逐梦想的年轻人，满怀憧憬与希望，奔赴在自认决不回头的旅途上。上一个瞬间，人们似乎还可以看见他驻足的身影，唇畔的笑意，而一个转身之后，却迷失了他的白衣。浮云渺渺流逝而去，奔流不息的江河水亦是苍茫无尽头。那些过往的岁月，他已经尽力去珍惜，从未浪费过一分一毫。他也曾这样满怀希望地走向京华，为前程四处奔走，甚至不惜放弃文人的清高傲骨，游走在各色的权贵名门之间，只希望最后的考试能够一举得中。都是为了一个锦绣前程，都是为了一颗报国的心。

　　如果说，少了一年一个月一天一个时辰一分钟，都算不得一生的话，那他的一生，爱过，恨过，伤心过，欢喜过，为理想拼搏过，为爱着的人努力过，他没有辜负这流年。而剩下的时光，他可不可以微微地留一点私心，将时光留给自己深爱着的山水与田园，明月与流光。人生七十古来稀，七十岁便已经算得上高寿，他知道，属于自己的时光已经不算太多，终有一日他也会像所有离他而去的人一样，离开他人世间剩下的亲人与好友，或许，甚至都来不及正式告别。那一日，或许已经不太远。

　　他并不在乎离开这个尘世，或许在他的眼中，死亡不过是换一个躯壳，换一种生活方式和生活环境。人间的美景他已经走遍，人世的沧桑他也已经阅尽，说不定在不远的前方，有更美丽迷人并且新奇的风景，在等待着他的领悟检阅。只是不知，在那尽头，是否有他曾经深爱过的绿鬓红颜，不悔不弃地等着自己。

琉璃梦

如果说人生是一场考试，那么摩诘已经为这场考试交上了一份圆满的答卷。唯一可惜的是孩子早夭，后继无人，可这恰恰也证明了他坚贞情深，与结发妻子感情深厚，更显得温厚动人。何况，他虽然是长子，下面却有好几个弟弟，并不用担心所谓的"不孝有三，无后为大"。那么，他既然已得圆满，毫无牵挂，似乎可以放弃一切红尘世事，无须过问纷繁旧影，只要让自己轻松愉快地走完剩下的时光就足够完美了。

毕竟，谁都要离开人世，谁都无法预知合上眼的瞬间面对的将会是什么景致。如果寻常人达到王维这个高度，未免就会觉得无忧无虑，能够有一段剩下的光阴来做自己喜欢的事情，那是多么美好的缘，纵使日日歌舞升平、丝竹声起也觉得很是应该。然而，王维并未如此，虽然他不是没有金钱与情致当一回风流人。

他总是在我们的猜测中，意想不到地转身。当我们以为在失去深爱的妻儿后，他会就此一蹶不振，淡漠人生世情时，他辗转走出了悲伤痛苦，选择了离开苍凉的京华，前往春暖花开的山水，悠然行走，暂时做一个无牵无挂的浪子。而当我们以为他会就此沉溺在山水风情里，不可自拔，或许就此隐居，不问红尘和浊世，同明月清风日夜相伴，夜深人静时感受桂花飘落的零星，江雪冰封时感受天寒的萧瑟时，他却转身回到长安城，从一介布衣摇身一变，恢复了官身，继续朝着梦想前进。而最后，他似乎已经忘却了尘世，甘愿在心爱的辋川，潇洒快活地过他亦官亦隐的生活，或是对月抚琴，或是莳花弄草，或是走进深山里，吟一首诗，作一幅画。诚然，他已经到了知天命的年纪，确实已不用再为了什么而奔走，我们同样也无法责怪他，放下了家国天下。

人生能得几回闲，我们生活在这个世间，从蹒跚学步的孩童，到白发苍苍的老人，其间我们完成了多少事情，经历了多少风雨，承受了多少人情冷暖，有多少时光，是真正属于我们自己，可以让我们放下一切尘世事务，享受片刻的宁静，不需要挂念家中的老老少少，不需要担心公司的业绩有没有达到指标？太多事情，占据了我们的心灵与身体，似乎我们都已经忘却了人本来是自由的，是没有束缚的。

而摩诘，本就是为了山水而生的人，如同柳三变为了红尘而生，如同苏东坡为了大江东去而生，如同柔弱的易安居士为了落花流水而生。他的心，本来就应该属于那片清幽静谧的天地。都说王维擅画，他画过那么多山水，那么多风情。有栩栩如生、活灵活现的人物画像，有溪流浅翠，渔子逐流，有江山万里，奔腾无尽，也有青山剑阁、飞檐古寺。可是在他的画作当中，他画得最多的却是雪景，形形色色的雪景，是雪中垂钓，是雪夜暗渡，是雪川羁旅，是雪江诗影……看得出，摩诘是一个爱极了雪，亦是用深了情的人。

雪，那是一个美极了的词，也是一场美极了的风景。见过塞外纷纷扬扬如同鹅毛一样的飞雪，也见过江南淅淅沥沥温柔缠绵的雨雪。北方的雪，总是粗粝豪放而盛大，似乎是天地相约一同造就的一场盛宴，要所有人一同欢乐歌舞。江南的雪，并不多，却很美，淡淡的，如不经意般的，也如小心翼翼般的，总是轻柔温婉，如同轻声细气的女子，生怕惊动冬夜的静谧。且不说不同地域的雪，有各色的美，便是落在不同地方的雪，也各具风情。江上雪，庐外雪，大雪小雪早雪夜雪，都是那样美不胜收。

终于了解，为什么中国的画家总是特别钟情于雪，还有雪中人，雪中情，那样纯粹洁净的美好，并不是其他景物能够轻易代替的。著名的美学家宗白华曾经解释说：只在大雪之后，崖石轮廓林木枝干才能显出它们各自的弈弈精神性格，恍如铺垫了一层空白纸，使万物以嵯峨突兀的线纹呈露它们的绘画状态。这种解释，正式而书面，或许摩诘在画就雪景时，并没有想过这么多内涵，只是单纯地觉得这场雪，是这样的美，若是不能将它永远留下来，岂不是浪费了这场上苍的赏赐。古时并没有现代这样快捷的技术，轻轻一按快门，就能使风景永恒，那时的人们要留下美景，只能选择笔墨丹青的铭记。幸好，幸好还有这些，给我们留下了那么多值得追忆、值得惊叹的珍品，能够让今日的我们，一睹昔时的风采。

其实，从古籍的只言片语中，我们知道摩诘的画作并不求形似，却求神似。王士禛在他的《池北偶谈》中说："世谓王右丞画雪中芭蕉，其诗亦然，如'九江枫树几回青，一片扬州五湖白'。下连用兰陵镇、富春郭、石头城诸地名，皆寥远不相属。大抵古人诗画，只取兴会神到，若刻舟缘木求之，失其旨矣。"摩诘作画，诚然是不求形似的，神似即可。因此，他的画作时常是寥寥几笔，就勾勒出了辽阔天地。

他作诗作画，仿佛都已目下无尘，清如流水，然而他的心，却依旧有所执着，如同一见钟情的少年，在春风桃花时节相遇，就此念念不忘，只惦记着那张如云霞的脸，那个灵心如素的人。摩诘的心中，依旧有所牵挂，尽管他已远离风月浊世，尽管他沉溺山水。只是一封信，却透露了他的心思。那封信，写在他亦官亦隐地居于辋川别业之后，叫作《与魏居士书》，如同所有出自他手的文章一样，这封信，同样卓绝风流，行云流水。只是其中的心思，却微微沉重，仿佛是突然醒悟，人这一生，只要活着，就无法做到真正的绝尘而去。

这篇文章十分长，长得仿佛不是出自摩诘之手。他是温柔而潇洒的诗人，轻易不会让世事沧桑自己的心境，同样，也不会让自己的烦忧去扰乱朋友的心境。或许，那字字都是从他心里吐露出来，真正的朋友会明白他的忧伤离乱。坐在冷冷的月色下，浣衣的女子都已相约离去，竹林中又是一片安静，他知道，这份安静，在朝阳初起之前绝对不会被打破。风吹动面前的竹帘，微微聒噪，仿佛不解人意。他落笔，满怀惆怅，无法抑制地流淌出了多日的烦忧，只是问道：苟身心相离，理事俱如，则何往而不适？虽然洋洋洒洒近千言，可只有这才是他最想知道的，亦是他穷尽一生，苦苦追寻的。

他踏上仕途，或许在最初，是抱着寻求功名利禄、荣华富贵的心，可是尘生尘灭、几经浮沉之后，黯然之间，修行之中，他看破了这一切。既然一切都是虚空，他又何必苦苦追逐。可唯有这个问题，始终在他心中萦绕，如影随形，挥之不去。孟子说，穷则独善其身，达则兼善天下。可是何谓"穷"，又何谓"达"；何谓"独善"，又何谓"兼善"？

这个问题，困扰了中国文人几千年。总是寒窗苦读数十年，总是拆了东墙也要奔赴京城寻一场前程，希望能够名扬天下、造福人间。然而身在官场时，却总觉得生活少了点什么，看到前人诗中的逍遥自在，才恍然大悟，原来自己一直在追寻的就是那种悠游潇洒的生活。可到底为时已晚，都说一入宫门深似海，又有谁敢说不是一入官场深似海呢？身在官场，身不由己，再多美好的想法，也只能叹一声枉然。而那些一生风清月白的人呢？从未让污浊的官场玷污自己的心灵，一生逍遥如梦，一生沉醉田园，可梦醒夜回，他们亦是微微惆怅，依旧觉得有遗憾充斥心头，亦觉得此生，不曾圆满。毕竟读书人一直以来都有这样的信念——书中自有黄金屋，书中自有颜如玉。如果不曾感受仕途，就好像，白白辜负了十年寒窗，辜负了四书五经，也辜负了自己的心。

孔子弟子三千，贤者唯有七十二人，这七十二人中的子路就曾说过："不仕无义。长幼之节，不可废也；君臣之义，如之何其废之？欲洁其身，而乱大伦。"意思就是：官，是不可以不做的，而长幼之间的关系，是不容置喙的。君臣之间的道义，又怎么可以撒手不管呢？你不曾想过玷污自身，却不知道想要隐居就是忽视了君臣之间的道义啊！那显然是圣人之道。儒家最信奉的就是"仁"，所有的准则都以这个字为源头，而背叛君主，就是不仁，不义，为天下所不容。所以，古时的读书人，出于信念和各种缘由，总是想要出人头地，这样无可厚非，可他们忘却了诗书的本意，只是教人明理，教人更懂得为人处世，除此之外，还有更多值得追寻的事情。当他们以为自己一切圆满时，也就是夜半长相思时。

可人生哪来的如果，哪来的替换？虽然人生容不得后悔，也容不得更改，但是，既然有所遗憾，就应该努力去解决才是。于是，千年的时光里，中国的士大夫们都致力于解决这两者的矛盾，希望能够在其中寻出一条彼此通融的道路，满足任何一方。而摩诘，他的烦忧，就源于此处。当他隐逸田园，悠然山水时，当他在月下行走抚琴长啸时，当他在江雪上挥毫泼墨时，他也不曾忘却深深铭记在内心的儒家文化——分明知晓天下动乱将起，自己却无能为力，只能远离官场，避祸尘世，独自一人不敢承担也不敢阻止。这样的他，分明就违背了那些曾经深记的信念，仁义礼智信，如果不曾深记，是否就不会感到痛苦？

或许，人生就是如此，太多难以承担的痛苦，就源于无法忘怀的记忆。那些点点滴滴的记忆，素日无影无踪，偶尔出现，就令人觉得心中疼痛。落花人独立，微雨燕双飞，某个转角，某个记忆的点，突然出现在脑海，都会让人觉得错愕惊讶，更何况有些并非愉快的记忆，同现实相违背，同心愿相差千万里，让人更觉得伤怀难忍。所以，当摩诘发觉自己已经同最初的信念渐行渐远时，他不由自主地觉得烦恼，毕竟是深受儒家文化熏陶的士子，之前心心念念的，就是如何效忠君王，如何齐家治国平天下。

尽管他是真心深爱着他的山水，他的辋川，每日每夜都流连于其中，可是他依旧在心里牵挂着家国天下。于是，他陷入一场前所未有的忧愁。或许是时光流逝，年纪渐渐增长，两鬓苍白的他越发优柔寡断。或许他预知了那种即将到来的危险，多年的官场经验告诉他，这场动乱不同以往，天下将会被倾覆，

　　而无辜的百姓将会流离失所，就连这座繁华的长安城，也将陷入漫长的恐慌动乱。可是他无可奈何，他无法将心底的话宣之于口，那些话一旦倾泻出口就会被称为大逆不道。

　　此时天下依旧太平，皇宫中的歌舞不知几时休，而那些美貌的宫妃，同她们的帝王一同陷入了无休止的狂欢。没人能体会他心中的惶恐，正如没人看到暴风雨之前的异常宁静，那是一种近乎死寂的安宁，所有人都声嘶力竭地狂欢着，只有那些伺机作乱的人，盯紧周遭的动静。原谅他的无能为力，除却日复一日更加沉溺在辋川的山水里，他仿佛无法找到第二条道路，让自己心安，也让这太平的天下，继续四海升平。辋川外的烟雨还在纷纷落地，暮春深处的花已经承受不住流光的召唤，忽然在微雨中明灭而去。窗下的诗人将墨色依然的笔搁在案上，一道泪痕，伴着雨意，亦打落了残花，无声搁浅。

杏花白

屋上春鸠鸣，村边杏花白。

持斧伐远扬，荷锄觇泉脉。

归燕识故巢，旧人看新历。

临觞忽不御，惆怅远行客。

——王维《春中田园作》

　　总在猜测，远行的流浪诗人，何时会停下他的脚步，返回梦中的故乡。那里，有深爱他的女子，年复一年，望穿秋水地等候，从青春等到迟暮，从怨怼等到怅惘。也在期待，那在安谧中沉溺那么久的诗人，什么时候开始踏上他的另一段旅途，从乌发走到白头，在两鬓苍苍时回到故里，是不是也会有贺知章"儿童相见不相识，笑问客从何处来"的慨叹。

　　人在外流浪久了，总会生出微微厌倦，开始怀念过往，思念遥远的家乡。听到晚春时分，密林深处的布谷鸟一声声叫着，不如归去，不如归去。当真觉得不如归去，可终究是难以归去，于是到底忍不住要泪湿双目。于是纵使是修行多年的王维，也留下了这样的句子——惆怅远行客。虽然说的是旁人，可是他又何尝不是远行客？他深深地记得天宝十五年的六月十三日，分明是盛夏的时光，暑气深重，蝉鸣聒噪，可是身在长安的人们，都觉得坐立不安，有隐隐的惶恐从心里蜿蜒出来，无法抑制。

他已经一个多月未曾前往辋川，那天清晨，天还不曾明，启明星若隐若现地挂在天际。他在黯然的天色里记起，安禄山从去年的冬天就开始造反，势如破竹，所过之地，无不沦陷。或许是海内外太平太久，人们都已经忘却了战乱的滋味，没有了反抗的勇气，所以乱军极其顺利就进入了潼关。刚到大明宫外，官员们交头接耳，很快又得知了一个消息——玄宗已经带着自己的宠妃和皇宫里的皇子皇孙，出了宫门，前往外地避难了，显然他们对保住长安城这件事，并不抱以希望。

惶然里，似乎所有人都失去了镇定的力气，人们四处奔走，希望尽快离开长安，可是还没有等到他们在晨光中离开，乱军就破门而入了。王公大臣们如同瓮中之鳖，只能束手就擒。而其中，就有时年任职给事中的王维。那段记忆，在王维的人生中，糟糕得让他恨不得从未发生过。失陷被俘，在所有文人的眼中，都是一件极其耻辱的事情，更糟糕的是长安沦陷不久后，他又被迫就任伪署官员。如果说被俘是被逼无奈，那么出任伪署官员，在许多文人眼中，就是叛国变节了。

文人总觉得，气节是世界上最重要的东西，一旦失却了气节，那么这个人也没有活下去的必要了。他们信奉的是死有重于泰山，有轻于鸿毛，为气节，为家国而死，那就是重于泰山的，会永生永世被流传与铭记。可是，我们固然要佩服这些死得重于泰山的人，那些不愿意放弃生命的人，或许也有难言的苦衷。并不是所有人，都能够有文天祥那样的傲骨，能够视生死如同无物，那些为了继续生存下去，而不曾背叛大节的人，我们同样不能冷眼视之。

毕竟，活着是那样美好，这个世界又是那样美好，谁都无法轻易舍弃这种灿烂得如同夏花的美。谁不愿意呼吸这世界上的空气？看着春花纷繁，听着夏蝉声声，欣赏秋月圆满，最终坐观江雪迢迢，慢慢地自己走自己的人生，珍惜每一分每一秒每一个点点滴滴，然后安静地走到生命的尽头。谁又希望，这和缓温柔的人生里，忽然生出滔天的巨变，让人生戛然而止，无声无息地陨落？

更何况，摩诘并不曾真心归附伪朝，不像曾经的大将哥舒翰一样俯首称臣，逢迎拍马。这样的动乱巨变里，他依旧能够保持最初的心，已是不易。他深知自己是迫不得已，心底也盼着玄宗最终会被迎回大明宫，而那时天下如往昔太平，一切都仿佛未曾发生。他在长安的愁云惨雾里，始终坚持着自己的信念，从不出卖自己的灵魂，为虎作伥，将一颗良心沦陷，以谋取暂时的荣华富贵。

自古以来，永远都是邪不胜正，他坚信这个道理。安禄山之流绝不会长久。当他坚定地站着时，安禄山却在凝碧池中召开了盛大的宴会，庆祝自己的千秋功业。曾经，那里也是歌舞升平的地方，可此时碧绿的池水里，因着秋意凄凉，青苔落叶被深深地埋葬在了池底，原本清澈如翡翠的池水，越到深处，越幽碧不见底，一旁金谷亭的红柱黄瓦倒映在水中，红碧相衬，仿佛依旧是昔日的繁华。安禄山将梨园的乐工们召集在一起，要他们演奏乐曲。面对乱臣贼子，深受皇恩的乐工们终于忍无可忍——有人愤然起身，将手中的乐器摔得粉碎。安禄山勃然大怒，当即命人将此名乐工五马分尸。一时间，凝碧池惶然如地狱。

> 万户伤心生野烟，百僚何日再朝天。
>
> 秋槐叶落空宫里，凝碧池头奏管弦。
>
> ——王维《菩提寺私成口号》

原本被困在菩提寺中的摩诘是不知晓此事的，幸而他的好友裴迪来去还算自由，于是时常到菩提寺中来探望他，并且将外面的最新消息带来给他。听闻此事，王维心中受到了极大的震撼，当即为之泪下。那个坚贞的乐工，用死表明了自己的心，他的死给安禄山之流一个沉重的打击，名不正言不顺的叛乱，终究会被历史肢解，终究无法长久。一死，固然证明了自己的气节，然而这并不是摩诘真心想要追求的，他更希望有朝一日，能够离开这个烦扰的尘网，脱离所有的束缚，自由自在地生活。

这种信念，虽然并不符合当时的正统，可是唐人一向言论自由、开明博达，对于能够舍生取义的人报以敬畏之心，对于那些需要更多自由的人，同样宽容尊重。或许，这就是唐代最迷人的地方，自由而不是毫无底线，宽容而不是任意给予。这首诗，从某种程度上也成为了王维的救命符，当乱军退去，当玄宗成为了太上皇而太子即位返回长安，当一切都恢复原位论功行赏时，王维同样逃脱不了惩罚。幸好，他还写过这首诗，证明他是对伪朝十分不满的，加上他立了大功的胞弟愿意削功为长兄求情，王维只是受了贬官的惩罚，并未伤及元气。

乾元元年，王维已五十七岁，近花甲之年。时光总是那样残忍，将当年那个都美洁白的少年，变成了此时两鬓苍苍的老者，所有的爱恨都已经离他而去，而他的人生，经历过清苦而感人的亲情，品尝过甜蜜如花的爱情，也得到过生死相约的友情。他得到过，也失去过，他在山水里行走过，也在官场里沉浮过。人生的百态，千种的滋味，酸甜苦辣冷暖欢忧，就像是一朵朵盛开又枯萎的花朵，在他的心中留下了永恒的印记，像纸上的丹青永不褪色。之前，王维已经向肃宗上了谢表，希望允许自己辞官归隐，并且表明了自己当初就任伪朝官员的愧疚，觉得自己无颜继续在朝为官。然而，这份辞呈却不被批准，花甲之年的王维，只能继续过着自己亦官亦隐的生活。

可是，此时的亦官亦隐，却不再令他感到往昔的从容欢喜，山还是那样的山，水还是那样的水，他依旧觉得美得动人心魄，可是心境，已经不复从前。实际上，他并不能原谅自己，当年一时的苟且偷生，换得如今的萧瑟黯然。如果人生可以有第二次选择的机会，他一定会决意追随那位勇敢的乐工，证明他的气节。生死是大事，他在关键的时候迟疑了，就没有后悔的机会了。这场半归隐，更像是一场赎罪，他始终记得，当初的懦弱，觉得自己晚节不保，所以他更加潜心忏悔，决定用余下的时光，弥补罪孽。

然而，他也深知，自己的人生，已经快要走到尽头。这生命的旅程，即将结束，他回首前尘，只觉得往事如烟，一切都该如同烟云消散而去，他已经没什么值得惦念伤怀的，唯一惦记的是一同长大的胞弟王缙。他的亲人已经不多，而这位血浓于水的弟弟却远在蜀地，与他相隔千万里。于是，垂垂老矣的老者，借着烛火，上书给皇帝，希望在自己的有生之年能够同亲人重逢，同时亦向皇帝推荐这位有才干的弟弟。而落笔的瞬间，往事又浮现。他记起年少时意气风发的朋友们，记起灯下温柔微笑着的妻子，记起慈爱的母亲和幼小的孩子，那些人，在他的记忆里，还是那样年轻。可是如今的自己，却已经这样苍老，如同燃烧到尽头的蜡烛，只剩下微微的火光。

世事变幻，多少人恍然里离开了这个尘世，又有多少人降生在这里，重复着生命的轨迹，成长，成家，最终魂归黄泉，多少事纷繁万变。曾经沉寂多年的人，忽然名扬天下；曾经声名在外的人，忽然归隐山林，最终杳无音信。而世事又太弄人，他想要给自己的罪孽一场救赎，辞官在古寺中了断一生，皇帝却始终不允，反而连连将他升迁。到了上元年间，他已经被升为尚书右丞，而弟弟王缙也被召回长安，就任左散骑常侍。王维感恩地再度上书，表示自己的谢意。此时的他，已再也无心身在官场，只渴望着最后的自由，最后的青山绿水常相伴。他最后一次递上了辞呈，这一次，肃宗终于同意了他的请求，准许他辞官隐退，这桩心事，浮浮沉沉，纠缠环绕，总算是告一段落了。

这一生，爱恨都已经终结，所有心事都已经了断。此生半在官场，半在山林，可是真正属于他自己的时光是那样少，现在，终于可以安心地过上几天自己的生活，没有任何心事的打扰，也不用挂怀谁和谁。初秋时分，北雁南飞的时节，他写下了书信，同亲友安然告别，从容地合上了一生的经卷，从容地走向了人生的尽头。

迷离的前尘纷纷扬扬落花般离去，我不知道是否世间当真有轮回。可我希望，我们的传说是当真确有其事。如果是那样，或许，在一次又一次的轮回之后，在某座江南的明月桥头，在某个漠北的戈壁滩上，在某个春暖花开的时节，我们可以遇上这位美丽雅致的诗人，纵使他不知他的前尘，我亦不知他的过往。若当真有缘分，宿命会告诉我们，心是否在那一刻，恍然就乱了节拍。我渴望这样的相遇，一直渴望着这样的相遇。

后 记

王维，大约生于公元 701 年，卒于公元 761 年。六十花甲，而王维，在他的花甲之年，走完了他生命的旅程。六十年，可以说很长，也可以说不过弹指一瞬。对于王维来说，或许，已经足够长久。毕竟，那时能够活到六十岁的人并不多。

相较于一生颠沛流离的杜子美，相较于一生凄凉苍冷的李义山，王维的一生，仿佛无比圆满。是的，十五岁就离乡远赴帝都的王维，很快以他的天赋和才华获得了上流社会的青睐，他用他的风姿，他的魅力，在权贵的世界里，留下了一个洁白的传说。此后，进士及第，春风得意。时光老去之后，他曾流离山外，曾被放逐尘世，曾如闲云野鹤一般独自隐居。只是，这样的王维，是如此迷人。或者说，能够拥有过华丽，也能安然行走于寂寥的人，总是值得我们发自内心地尊重的。

而王维，就是这样值得我们敬重的人。

记得有一部小说名叫《郁轮袍》，回想起来，当时只觉得这个名字那样奇怪，偏偏又那样吸引人，有种洁净骄傲的风仪，如同九天外闲庭信步的公子，尘世种种，总入不得他的眼。很久之后，才从书中知道，那是王维所作的曲子。过往的记忆，随同此时的感怀，我开始关注和发掘这个在史书中独自静默的诗人——这个安静，却从未被遗忘过的诗人。

生命中的一切，不论美丑善恶，都是一种经历，一种缘分。而实际上，生命亦是一种各自不同的态度，有人进取，有人淡漠，有人深深沉浸，有人隔岸观火。如我所见，各有各的精彩享受。我敬佩所有以不同的姿态行走在世间的人，欣赏而且羡慕。然而，唯独王维的人生，使我心动。

他不像同时代的李太白那样，以高端骄纵的姿态，不羁而霸道地占据着人们的记忆，仿佛时空都可以任他穿越。他也不像稍晚的杜子美，少年老成，持重之中笔墨都显得格外沧桑沉郁。他不像任何人，哪怕是与他并称"王孟"的孟浩然。他有着自己独特的风情与韵味，不骄矜，不自傲，也不融入时代的潮流中泯然于众。他只是安静地聆听风声和雨声，煮酒烹茶，操琴莳草，很有魏晋遗风。

在从容的时光里，总要有这样一位诗人，每每回忆起，就觉得平静温和，如同前世曾在幽林小径中温柔地擦肩而过。就好像，我们需要牡丹国色天香高傲放肆的美，也渴望茉莉晶莹剔透悄然绽放的香，有时也愿意走进初秋，染上一袖幽幽的丹桂芬芳。

洒空深巷静，积素广庭闲。诗如其人，人如其诗。诸葛孔明曾写过：非淡泊无以明志，非宁静无以致远。这像极了王维的人，王维的诗。他不惊不怒，不徐不疾，浅淡地生活和生存，爱得无声，却深沉；欢喜得静默，却深刻。在这样矛盾的反差里，展示他与众不同的人生态度，一如他手中的《雪中芭蕉》，寒冷的雪，浓浓的绿意，却组合成异常和谐的风景，令人过目难忘。

不错，恰是过目难忘。翻开过这本书，走近过他的人生，感受过他的温柔、他的洁净，任谁，都难以忘记这个淡然却存在感十足的诗人。